もう困らない！

墓じまい 仏壇じまい

成美堂出版

はじめに

私はかつて、墓地を紹介して墓石を売る営業マンでした。しかし、じつは当時からお墓を所有し維持することに違和感を覚えていました。

そして2006年、ある歌が従来のお墓の概念に一石を投じることになります。秋川雅史さんの『千の風になって』です。ヒットの理由は、私はお墓にはいない、そこに眠ってはいないという内容が、多くの人たちの心に刺さったからではないでしょうか。私も「長年の違和感を歌が代弁してくれた」と思ったものです。

やがて、世間のお墓の常識に対する風向きが変わり始め、私はその風と自分の素直な想いに身を任せた結果、一人のお客様と出会いました。

そのお客様を通じて、お墓をどう処分してよいものか、特に付き合いのある「気に入らない」お寺さんにどう切り出せばよいのか、事前に相談できるところはあるのかなど、お墓について悩んでいる人が世の中にはたくさんいらっしゃることを知ったのです。

他にも、子どもたちにお墓の負担をかけたくないと思っている人。突然お墓の責任を負うことになった人。お墓には入りたいが、あらかじめ「墓じまい」することも考えている人。墓地管理者の承諾、申請書類作成から許可まで、手続きが複雑だと思い込みつい後回しにしている人……。それこそ、人の数だけお墓の悩みがあるといっても過言ではありません。

そんな悩める人たちに向き合う中、おかげさまで、私が行っていることは世の中の役に立っていると自覚するに至りました。本書では、墓じまいに関する基本情報や、私の経験をもとにした墓じまいのパターンなどを掲載し、イラストや図解も使ってわかりやすく解説しています。

理由はどうあれ、お墓について悩んでいる人は、是非本書を手に取っていただければ、必ず解決のきっかけや糸口がつかめるはずです。

昨今、過去にない件数で遺骨の改葬《かいそう》が行われ、遺骨の移動が起こっています。今後は、少子高齢化や人口減少、ライフスタイルの変化、経済的負担など、さまざまな要因によってお墓やお仏壇が不要になってくる人が増えることは確実です。

故人を偲《しの》ぶ心、感謝の気持ちこそが大切なのであり、お墓やお仏壇の維持に負担を感じるのであれば、まさに本末転倒といえるでしょう。

他と比べることなく、そして常識や慣習に流されず、心や経済的な負担がない自分だけの供養のカタチを、本書を通して探していただければ幸いです。

株式会社「縁《えにし》」代表　小西正道

第4章
墓じまいQ&A

Contents

第5章 仏壇じまい

第1章

墓じまいの流れ

少し前の日本では、家やお墓は長男が受け継ぎ、
お彼岸やお盆、年末年始に家族や親戚が集まり、
みんなでお墓参りを行うという風景が当たり前でした。
しかし、今ではさまざまな理由から、
そうしたことが少なくなり、
ついには「墓じまい」を行うまでになりました。
墓じまいとは何かから、
その進め方までを見ていきましょう。

どのように墓じまいを進めていくか？

近年、お墓や供養に関する考え方が大きく変化しています。少子高齢化や核家族化が進む中で、従来の継承の在り方に疑問を感じる人が増えてきました。そこで注目されているのが、「墓じまい」と呼ばれる新しい選択肢です。

墓じまいとは、既存のお墓を処分することで、墓石を撤去してさら地に戻す作業を表す言葉です（広義では改葬も含みます）。墓じまいを選ぶ理由はさまざまです。お墓の管理が困難になった、費用負担を軽減したい、承継者《しょうけいしゃ》がいないなどが主な理由として挙げられます。

しかし、墓じまいを決断する際は慎重な検討が必要です。家族や親族との話し合いを十分に行い、同意を得ることも重要です。また、遺骨《いこつ》のその後の供養方法についても、よく考える必要があります。

墓じまいは、先祖への敬意を持ちつつも、現代社会の変化に対応する重要な決断です。この過程を円滑に進めるためには、慎重な計画と丁寧な対応が不可欠です。この章では、墓じまいの手順と注意点を詳しく解説します。

まず、墓じまいの第一歩は家族や親族との話し合いです。墓じまいの理由、取り出す遺骨の範囲、その後の供養方法などについて話し合いましょう。全員の同意を得るのは難しいかもしれませんが、粘り強い説明が重要です。

次に、現在のお墓の管理者との相談に移ります。特に寺院墓地の場合、檀家《だんか》をやめること（離檀《りだん》）を意味する墓じまいは慎重に伝える必要があります。長年の感謝の気持ちを伝えつつ、墓じまいの理由を丁寧に説明しましょう。この際、「離檀料」（お布施《ふせ》）を求められることがあります。これは強制ではなく、感謝の気持ちを表すものと考えるとよいでしょう。

墓じまいは、家族や親族、そしてお寺との間でトラブルが生じやすい場面です。家族や親族との間では、まず墓じまいの決定自体に対する意見の相違が起こりがちです。また、遺骨の扱いや新たな安置場所の選択、費用負担の分担、墓石や供養品の処分方法などをめぐって対立が生じることもあり、家族間の感情的な軋轢《あつれき》を引き起こす可能性があります。

一方、お寺についても檀家から離れることになるので、もめるきっかけになる場合があります。手続きや必要書類に関する認識の違い、費用に関する誤解が生じたり、墓石の撤去や整地作業の範囲、永代供養の墓への移行に関する条件についても、問題となることがあります。これらのトラブルを避けるためには、事前に十分な話し合いと情報収集を行い、お寺側の理解と合意を得ることが必要です。

その後の供養方法の選択も重要です。承継者不要の永代供養墓《えいたいくようぼ》、納骨堂《のうこつどう》、樹木葬《じゅもくそう》、散骨《さんこつ》など、さまざまな選択肢があります。承継者とは、墓地の管理や法要の執行などを担当する人のことで、一般的に子孫や親族を指します。

最近では、宗旨《しゅうし》や宗派《しゅうは》を問わず受け入れる寺院墓地も増えています。次の供養先は早めに確保することをおすすめします。

行政手続きも忘れずに。「改葬許可証」の取得が必要です。次の埋葬先の「受入《うけいれ》証明書」、現在のお墓の管理者による「埋葬《まいそう》（蔵《ぞう》）証明書」と「改葬許可申請書」を準備し、市区町村役場に提出します。手続きには時間がかかるので、余裕を持って進めましょう。

遺骨の取り出しと墓石の撤去は、専門の石材店に依頼するのが安全です。多くの場合、遺骨を取り出す前に「閉眼供養《へいがんくよう》」を行います。これは義務ではありませんが、特に寺院墓地では一般的な儀式です。取り出した遺骨は、次の供養先の準備が整うまで自宅や納骨堂で一時保管します。公共交通機関を利用する場合は、骨壺《こつつぼ》を風呂敷で包むなど、他の乗客への配慮を忘れずに。

次の供養先へ移動を行う際、多くの場合「開眼供養《かいげんくよう》」を行い、新たなお墓に魂を迎え入れます。

墓じまいとは

墓じまいという選択

お墓の管理をどうするか？　墓じまいを行う人が増えています。

やむにやまれる理由から墓じまいが選ばれる時代

墓じまいとは、既存のお墓から遺骨を取り出し、墓石は撤去・解体して、土地の使用を終了する一連の手続きを指します。

近年、少子高齢化や核家族化の進行に伴い、お墓を維持・管理するのが難しくなっており、墓じまいの需要が高まっています。ただし、墓じまいは単にお墓を撤去して、先祖の遺骨の供養をやめることではありません。この後のページで詳しく解説します。

なぜ墓じまいをするのかというと、自分が亡くなった後に自分たちに代わってお墓を維持・管理してくれる子どもや親戚がいない、都会に住んでいて遠方にある故郷のお墓を守るのが難しい、お墓を維持したいけれど、経済的に、あるいは年齢・体力的にお墓の面倒が見られないなど、理由はさまざまです。

また、家族構成の変化や価値観の多様化により、従来のお墓の形態にこだわらない、自分らしいお墓や供養方法を選ぶ人や、中には自分のお墓を管理する寺院側とのトラブルがきっかけで墓じまいを行う人もいます。

墓じまいとは……

今あるお墓を撤去・解体してさら地にし、その土地の使用を終了する一連の手続きをいう

メリット

・管理が不要
・費用負担が減る
・無縁墓になる心配がない

デメリット

・家族、親族とトラブルになりやすい
・寺院側とのトラブルの可能性
・撤去費用がかかる
・合葬（合祀）すると後から取り出せなくなる

墓じまいとは

墓じまいをしたら？

墓じまいした後、遺骨をどうするか？　大きく2つに分かれます。

墓じまい後の選択 多様化する供養形態

墓じまいをした後の遺骨はどのようにしたらよいのでしょうか。

大きく分けると2つあります。

1つ目は、遺骨を別の墓地に移して、そこに新しいお墓を建て遺骨を埋葬します。いわば、お墓の引っ越しです。遺骨と墓石を一緒に移動するケースもあります。

遠い故郷の実家にあるお墓を、今自分が暮らしている都市部の墓地に移動させて、お墓の面倒を見るといったような、お墓を守り継ぐ（承継する）人がいて、今後も長く自分たちでお墓を守っていこうとする方法です。

2つ目は自分のお墓は持たずに、永代供養のお墓に合葬する方法です。ここでは、墓地の管理者が管理を行うため、家族の負担が軽減されます。墓石のあるお墓だけでなく、納骨堂のような埋葬施設だったり、樹木葬や散骨のような自然派志向の供養方法も含まれます。

多様化する永代供養のお墓については、第2章で詳しく見ていきます。

墓じまい後の供養先

新しいお墓をつくって供養

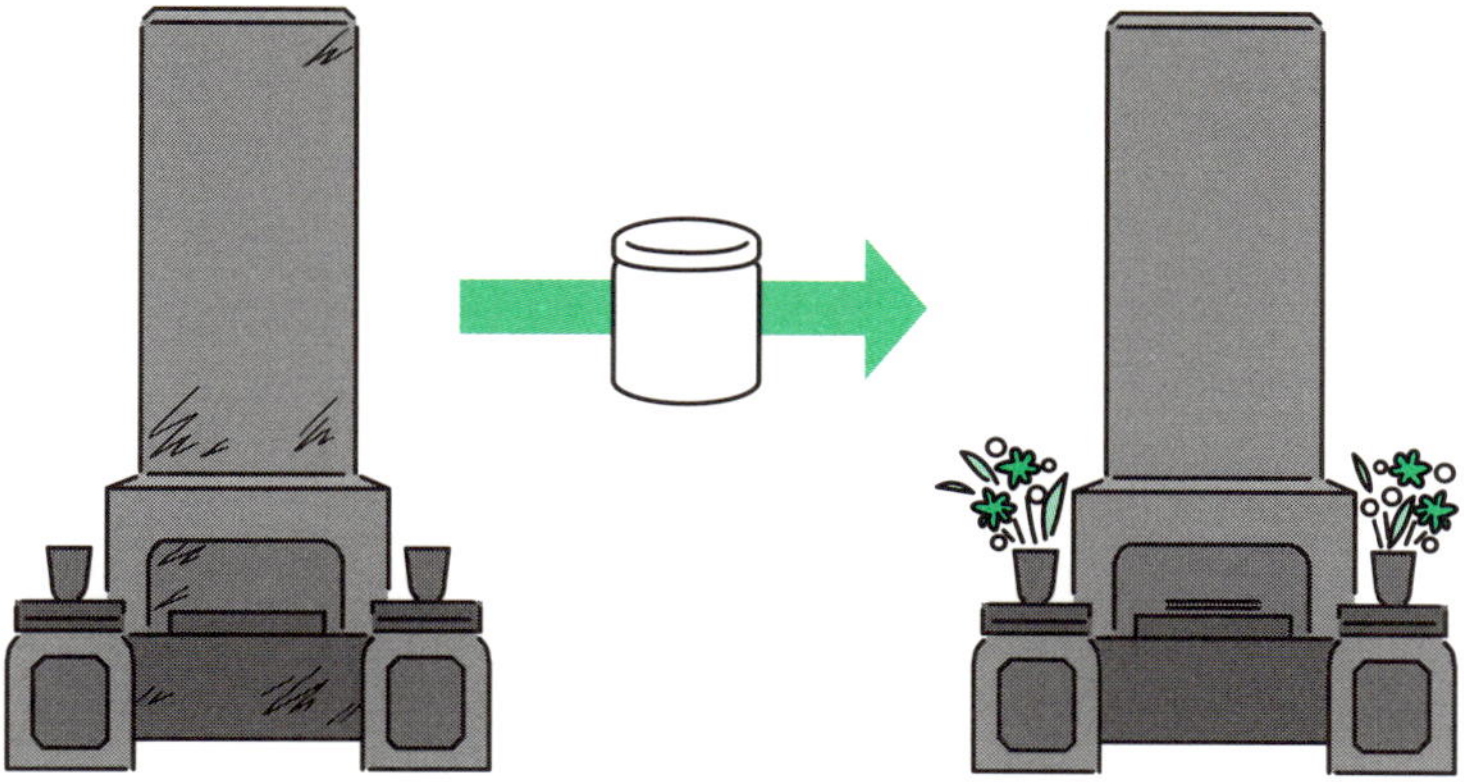

お墓をつくらずに供養

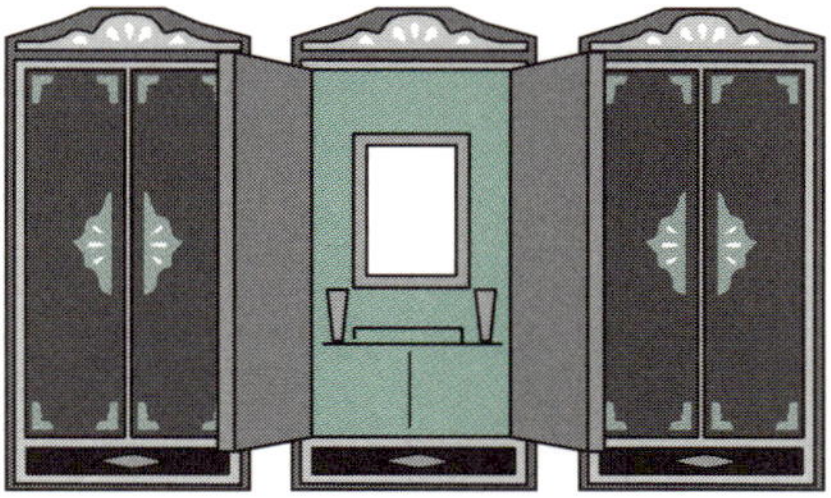

納骨堂

永代供養墓

手元供養

散骨

樹木葬

墓じまいとは

墓じまいの流れを知る

墓じまいをどう進めたらいいのかを説明します。

成功のポイントは事前の話し合いと丁寧な段取り

墓じまいは、ご先祖様と家族・親族の歴史に一区切りをつけるという重要な出来事といえます。

この過程を円滑に進めるためには、関係する人々との事前の話し合いと、丁寧な段取りが求められます。家族、親族の同意や元の墓地の管理者との相談が必要不可欠です。

もし親族に知らせず、勝手に墓じまいを進めてはトラブルになりかねません。長年の関係性を築いてきた寺院にとっても、墓じまいは檀家から外れることになる（離檀）ので、けっして気持ちのいい話ではありません。それぞれの立場や気持ちを理解しつつ、自分たちの状況を説明し、理解を得ることが重要です。

また、他にも行政手続きや次の供養先の管理者とのやりとり、実際に遺骨を取り出して、次の場所へ移す作業など、いろいろな手順が必要になります。無駄なトラブルを起こさずに、慎重に段取りを進め、スムーズに墓じまいができるように心がけましょう。具体的な詳しい流れは、次ページ以降を参照してください。

墓じまいの流れ

1 家族や親族との話し合い

墓じまいの理由、対象となる遺骨、その後の供養方法について共有し同意を得ます。

2 現在の墓地管理者への相談

墓じまいの意向を丁寧に伝え、必要な手続きについて確認します。

3 次の埋葬方法の決定

永代供養墓、納骨堂、樹木葬など、さまざまな選択肢から最適な方法を選びます。

4 次の埋葬先の確保

選択した方法に基づいて、次の埋葬先を決定し、必要な手続きを行います。

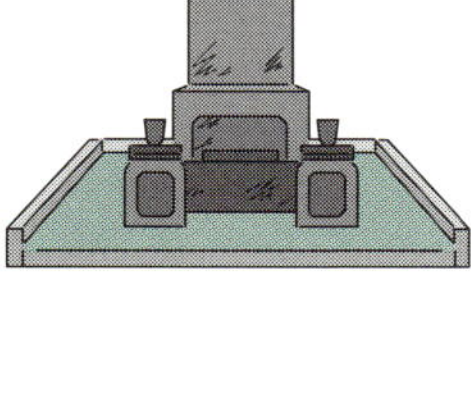

5
行政手続きの開始
「改葬許可証」取得のため、各種証明書の取得と申請書の提出を行います。

- 次の埋葬先から「受入証明書」取得
- 現在の墓地管理者から「埋葬（蔵）証明書」取得
- 市区町村役場に「改葬許可申請書」提出
- 「改葬許可証」の取得

6
石材店へ墓石撤去・解体工事の依頼
専門業者に依頼し、安全かつ適切に墓石の撤去と解体を行います。

7
閉眼供養の実施
お墓から魂を抜く儀式を行い、先祖への敬意を表します。

8
遺骨の取り出し
専門業者の協力のもと、慎重に遺骨を取り出します。

9 墓地のさら地化と返却

墓石撤去後の土地を整地し、墓地管理者に返却します。

10 取り出した遺骨の一時保管

次の埋葬先への移動まで、遺骨を適切に保管します。

11 次の埋葬先へ遺骨の移動

決定した次の埋葬先に遺骨を安全に移動させます。

12 開眼供養の実施

新しいお墓に魂を迎え入れる儀式を行います。

13 次の埋葬先へ納骨

最終的な埋葬を行い、すべての手続きを完了します。

各項目のポイントについて、次ページより説明します。

家族や親族との話し合い

墓じまいを考えたらすべきこと

正しい判断をするためにも、まず家族や親族に伝えることは大事です。

親の介護と同様にお墓問題が深刻化

お墓を誰がどう守るのか？「承継」をどうするのか？ 特に、都会に住む地方出身者にとっては実家の親の介護と同様に大きな問題です。都会で生活する人々にとって、遠方のお墓参りは大きな負担となります。高齢者の中にも、年齢や経済面での問題があったり、都会で自立して生活する子や孫に、将来の負担となる自分たちのお墓の維持・管理をまかせるのは心苦しいと考えたりする人もいます。こうした状況を背景に、「墓じまい」という選択肢が出てきたのです。

しかし、墓じまいを決断した後も迷いを感じる人は少なくありません。自分の気持ちや考えを整理するためにも、先祖が守ってきたお墓をなくしてもいいのか、家族や親族を含めた十分な話し合いが必要です。ただ、墓じまいの話し合いの場で何を話せばいいいか、いざとなると戸惑うもの。24ページに話し合いのポイントをまとめました。

ちなみにお墓の「承継」は、「継承」と同じ意味ですが、若干のニュアンスの違いとして「承継」は法的・専門的な言い方、「継承」は日常会話的な言い方といえます。

墓じまいをする理由

承継者がいない

高齢で管理できない

距離が遠くて行けない

管理に必要な費用が払えない

子どもや孫に迷惑をかけたくない

後悔しないために……

お墓をどうするか？
家族や親族で話し合うことが大切

家族や親族との話し合い

墓じまいの理由とその後を伝える

話し合いの場で何を話せばいいのか、押さえておきたいポイントをまとめました。

家族・親族との対話は円滑な墓じまいへの第一歩

墓じまいを決める前に、家族や親族と十分な話し合いが求められます。意見の相違が解消されないと、計画がキャンセルになるだけでなく、お墓参りなど、今後のお墓の維持管理や人間関係にまで支障をきたす恐れがあります。

家族や親族との話し合いで大切なポイントは、墓じまいをする理由を明確に説明し、今後の供養方法について具体的に提案することです。今お墓はどういう状況なのか、お墓参りやお布施などの管理維持はどうなっているのか、具体的に説明しながら、墓じまいをする理由を伝えます。また、お墓に複数の遺骨が入っているときは、それらをすべて他に移すのか、一部の遺骨だけを別に移すのか決めます。最後に、取り出した遺骨の供養方法を話し合います。全員の完全な同意を得るのは難しいかもしれませんが、対話を重ねることで、よりよい解決策を見出せるはずです。

ちなみに、墓じまいをするかどうかについて、法的には、祭祀《さいし》財産の承継者が決定権を持ちますが、家族や親族の思いも大切にすべきでしょう（第3章90ページ参照）。

墓じまいの話し合いで大切な3つのポイント

1 墓じまいの理由を明確に説明する

家族全員が理解できるよう、墓じまいを検討している理由を具体的に伝える。例えば、承継者不在、遠方居住による管理の困難さ、自宅近くでの供養希望などが考えられる。

2 対象となる遺骨の範囲を明確にする

どの先祖の遺骨を墓じまいの対象とするのか、明確にする。すべての遺骨を移動させるのか、特定の先祖だけなのかによって、家族・親族の受け止め方も変わってくる可能性がある。

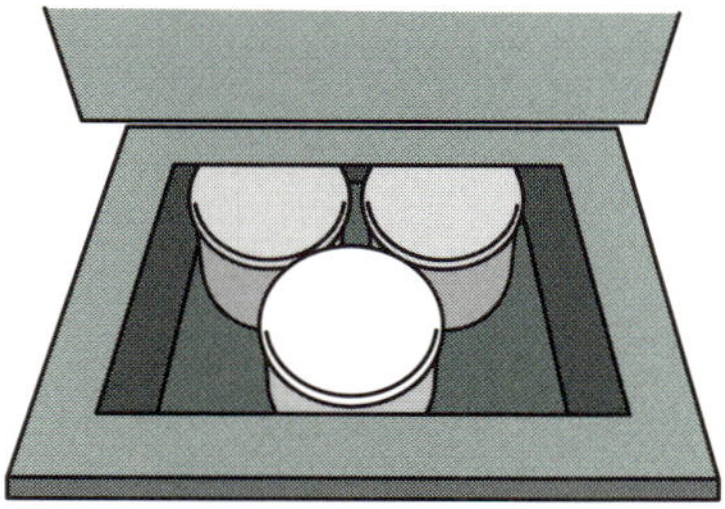

3 次の供養方法を具体的に提案する

今後の供養方法について、具体的な提案をする。例えば、納骨堂や樹木葬の利用、自宅での祀り方などを示すことで、家族の不安を和らげることができる。

墓地管理者との相談

寺院墓地への配慮

墓じまいでこじれやすい寺院との話し合いには、配慮が必要です。

丁寧な説明と感謝の気持ちが不可欠

墓じまいを検討する際、寺院墓地の場合は特別な配慮が必要です。お寺との長年の関係を考慮し、丁寧な対応が求められます。

これまでの供養への感謝を伝えつつ、墓じまいを検討するに至った経緯を丁寧に説明することが大切です。

墓じまいは単なる手続きではなく、檀家関係の解消を意味します。お寺にとっては檀家が減るわけですから経済的にも大きな影響があります。

手続き上、埋葬（蔵）証明書の発行が必要ですが、これを単に請求するのではなく、お寺との対話を重視しましょう。また、「離檀料」という形でお布施を求められることがあります。これは強制ではありませんが、支払う場合は、長年の感謝の気持ちを表す機会と捉えるとよいでしょう。

墓じまいは、先祖への供養の形を変えるもので、お寺との縁を断ち切る側面があります。しかし、誠意を持って新たな供養の形を模索する過程であることを説明すれば、多くの場合、円滑に進められるでしょう。丁寧なコミュニケーションを心がけ、互いの理解を深めながら進めていきましょう。

お寺への相談の進め方

寺院墓地のお墓を墓じまいしたい

寺院墓地のお墓を墓じまいする ＝ 檀家を辞める（離檀）

①できるだけ早くお寺へ相談に行く
②感謝の気持ちを伝え、墓じまいの理由を丁寧に説明する
③埋葬（蔵）証明書の発行を依頼する

離檀料について

●離檀する際に、お寺から「離檀料」を請求されることがある
●相場は法要１～３回分が目安
●強制的に払うものではない
●支払う場合は、これまでの感謝を伝えるためのお金と考えるとよい

次の埋葬先

遺骨の受け入れ先を決める

取り出した遺骨の次の埋葬先を選ぶポイントをご紹介します。

承継者不要の永代供養の墓のニーズが増加中

墓じまいをしたら、次に重要なのは取り出した遺骨の新たな埋葬先選びです。墓じまいを決めたことで、次の埋葬先の方向性も見えてきているはずです。既存のお墓を片付けて、承継者が不要な永代供養タイプのお墓を選ぶ人が増えており、その選択肢も多様です（永代供養のお墓については、第2章48ページ以降を参照）。その際、今のお墓がある墓地に、永代供養のお墓があるかどうか確認し、そこへ移行するのも一案です。しかし、空きがない場合や墓地を変更したい場合は、新たな墓地を探す必要があります。取り出した遺骨が全部埋葬できるか、今までと同じ宗旨、宗派で供養ができるか、供養方法、環境や設備、アクセス、費用などと合わせて検討しましょう。

次の埋葬先が決まったら、行政手続きに必要な「受入証明書」をその埋葬先の墓地管理者からもらいます（手続きの方法は30ページ参照）。遺骨を取り出して、お墓を撤去・解体し、さら地にするために石材店の手配も忘れないようにしましょう。

次の埋葬先選びのポイント

- お墓の種類
- 埋葬法・供養法
- 宗旨・宗派
- 環境・設備
- 費用
- アクセス

今の墓地に永代供養のお墓がある場合
↓
移ることができるか相談
↓

今の墓地に永代供養のお墓の空きがない、または他へ移りたい場合
↓
新たな公営墓地・寺院墓地・民営墓地を探す
↓

受け入れ先を確保したら、
今のお墓をさら地にするために石材店の手配をする

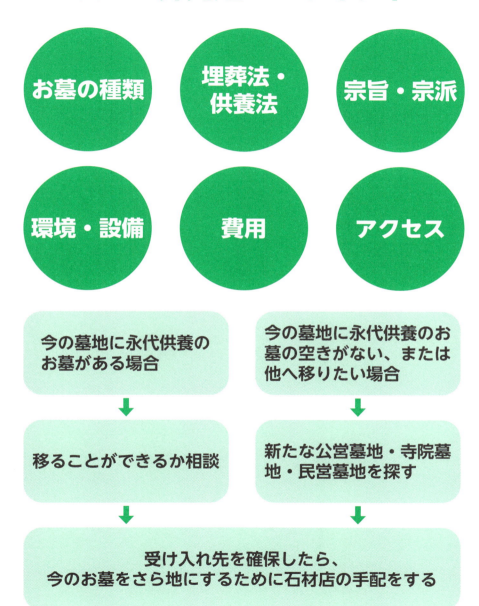

改葬許可証の取得

行政手続きの流れ

墓じまいに必要な書類と手続きを確認しておきましょう。

時間に余裕を持った計画と自治体情報の確認を

墓じまいの書類の手続きには、市区町村役場の許可が不可欠です。プロセスは主に3つのステップに分けられます。まず、次の墓地管理者から「受入証明書」をもらいます。次に、今のお墓がある地域の役所から「改葬許可申請書」を入手して記入します。「改葬許可申請書」は遺骨一体ごとに必要になります。記入した「改葬許可申請書」を今のお墓の管理者に提出し、そこに署名・捺印してもらうことで、「埋葬（蔵）証明済みの改葬許可申請書」になります（別紙で「埋葬（蔵）証明書」を発行する場合もあり）。最後に、これらの書類を今のお墓がある役所に提出し、「改葬許可証」を発行してもらいます。

この許可証は、現在のお墓から遺骨を取り出し、次の墓地に納骨する際に必要となります。申請から許可証の発行まで、通常1週間程度かかることを考慮し、時間に余裕を持って手続きを進めることが大切です。

自治体によっては、オンラインで必要書類をダウンロードできるなど、手続きの簡素化が進んでいるので、事前に確認しておきましょう。

「改葬許可証」入手までの流れ

STEP1
受入証明書を入手する

次のお墓の管理者から「受入証明書」を発行してもらう。

STEP2
「埋葬（蔵）証明済みの改葬許可申請書」を入手する

今のお墓がある市区町村役場で改葬許可申請書を入手して記入する。

改葬許可申請書を今のお墓の管理者に提出し、署名・捺印をもらうことで「埋葬（蔵）証明済みの改葬許可申請書」になる。

STEP3
改葬許可証を入手する

「埋葬（蔵）証明書」と「改葬許可申請書」に「受入証明書」を添えて役場に提出し、「改葬許可証」を入手する。

今のお墓の管理者に「改葬許可証」を提示して遺骨を取り出す。

閉眼供養と遺骨取り出し

仏様の魂と遺骨を取り出す

事前の準備と、墓じまい当日に行う大切な作業を紹介します。

事前見積もりで石材店に費用を確認

遺骨を取り出す日時を事前に墓地の管理者、依頼した石材店、法要を行うお寺に相談し、調整を図ります。遺骨の取り出しや墓石の移動は個人でもできますが、重たい墓石を動かすため専門的な機材や技術が必要であり、安全を考え、石材店に依頼するのが賢明です。石材店に払う費用の中で、遺骨の取り出しは一柱《ひとはしら》1万~3万円が目安となります。遺骨一柱の金額なので、遺骨（骨壺）が複数あれば、その分費用が増えます。34ページの墓石の撤去解体とさら地化の費用と合わせて、できれば数社から見積もりをとるのがおすすめです。

お墓の管理者に「改葬許可証」を提示した後、遺骨を取り出す前に「閉眼供養」と呼ばれる法要（御魂抜《みたまぬ》き）を行います。お墓や仏壇、位牌から先祖の魂を送り出す儀式です。特に仏教の寺院では慣例として行うことが多く、石材店によっては作業を引き受ける前提条件としている場合もあります。閉眼供養のお布施は、お寺によって異なりますが、通常3万~5万円程度です。公営や民営墓地の場合、最近では、インターネットを通じて僧侶を手配するサービスも登場しています。

墓じまい当日に行うこと

①閉眼供養（御魂抜き）

・お墓・仏壇・位牌などの撤去の際、仏様の魂を抜く法要

・義務ではないが仏教の寺院墓地ではしきたり

・３万～５万円のお布施が相場

・墓石撤去の条件にしている石材店もあるので要確認

②遺骨の取り出し

・石材店に依頼

・遺骨一柱につき１万～３万円

さら地化・移動・納骨

遺骨を次の埋葬先へ

墓じまいの最終段階について説明します。

取り出した遺骨は自分で移動させる

閉眼供養を終え遺骨を取り出した後は、お墓を元の状態に戻す「さら地化」を行います。これによって、墓地の使用権を正式に返却することになります。費用の目安は、墓石を撤去解体して、さら地に戻すのに1㎥あたり6万～15万円、石材店によって価格差があるため、複数の業者から見積もりを取るとよいでしょう。

取り出した遺骨は、新たな安置先が決まるまで一時的に自宅で保管するケースが多いようです。

石材店では遺骨の預かりや移動をしてくれないこともあります。遺骨を運ぶ際に公共交通機関を使う場合は、他の乗客への配慮として骨壺を風呂敷で包むなどの工夫が必要です。また、遺骨の郵送も可能で、ゆうパックで送ることができます。

自宅での保管が難しい場合は、納骨堂などの一時預かりを利用することもできます。また、墓じまいの代行サービスをしている業者の中には、遺骨の移動や一時預かりをしているところもあります。

最後に、次の埋葬先の管理者に改葬許可証を提出し、開眼供養を行って、遺骨を埋葬します。

お墓の解体・撤去工事の様子

コンクリートでできたお墓の土台をドリルで崩す

粉々になった土台部分

急な階段で墓石を運ぶこともある

森の中で行う墓じまい

クレーンを使って石塔を撤去

墓所内の撤去場で墓石を廃棄

墓じまいの費用

墓じまいにはいくらかかる？

費用が生じる主な3つの項目と、総額の目安をご紹介します。

総額30万～300万円 個々の状況で変わる墓じまい費用

墓じまいを検討される際、費用の詳細を知ることは重要です。墓じまいにかかる費用は、大きく3つの項目に分けられ、その総額は状況によって大きく変動します。

まず、既存のお墓に関する費用があります。これには墓石の撤去・処分費用、遺骨の取り出し費用、お寺への閉眼供養のお布施、そして離檀料が含まれます。これらの合計は、20万円から50万円程度となります。

また、次の納骨先に関する費用があります。こちらは選択する納骨方法によって大きく異なり、改葬先でのお布施なども含まれます。

最後に、各種書類の手配料や宗教儀式に関連する費用があります。これらは比較的少額ですが、必要不可欠な費用です。

既存のお墓の処理と次の納骨先の費用を合わせて、総額30万円から300万円程度になることが予想されます。ただし、この金額は大まかな目安であり、個々の状況や選択によって変動します。詳細な見積もりを取り、十分な準備をすることをおすすめします。

墓じまいのための費用

❶既存のお墓に関する費用

・墓石の撤去、処分費用
・土地のさら地化
・遺骨の取り出し費用

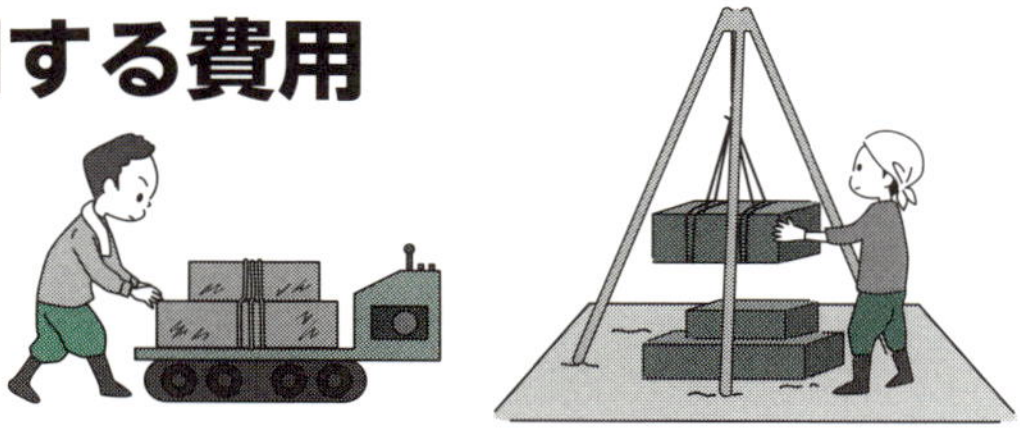

❷次の納骨先のための費用

どのようなお墓にするかによって異なる

・永代供養墓
・納骨堂
・樹木葬
・散骨
・手元供養

**費用をとにかく抑えたいなら
例えば、一部を手元供養で残して、
後は散骨にするケースもある**

❸その他の費用

・改葬許可申請などの事務手続き費
・宗教儀式に関連するお礼（例：今あるお墓の寺院へのお布施）

**❶＋❷＋❸＝約 30 万～
300 万円**

第2章

新しい供養のカタチ

墓じまい（改葬）を行う件数は2015年以降増加しており、
2023年には16万件を突破、
20年前と比べて約2倍に増えてきています。
それに伴い、供養の仕方にも
いろいろなニーズが生まれています。
永代供養墓、人気が出てきた納骨堂や樹木葬、
埋葬しない散骨や手元供養など、
新しい供養のカタチを説明します。

いろいろなお墓や供養のニーズが出てきている

昭和期の日本では、大家族が多くて、祖父母、両親、子どもが同じ家で暮らすことが一般的でした。家やお墓は長男が受け継いでいくことが普通で、家族全体で一つの墓に入ることが当たり前でした。しかし、今ではそれらが大きく変わってきました。

現在、お墓は長男でなくても、娘や孫、親戚でも誰でも継ぐことができます。子どもを持たない夫婦、一人っ子同士の夫婦、結婚しないまま過ごすおひとりさまといった人たちが普通になってきました。夫を亡くしたある女性は、夫の実家のお墓に入ることを拒み、自分の実家のお墓に入ることを望んだそうです。家族が一つのお墓に入るといった今までの習慣にとらわれず、自分たちの考えやライフスタイルに合わせて、「永代供養墓」や「樹木葬」のような新しいタイプのお墓が登場してきているのです。

第2章では、現代のさまざまなニーズに合った「新しい供養のカタチ」を紹介していきます。お墓を受け継ぐ「承継者」がいない場合は、永代供養のお墓を選ぶことになりますが、そこにもいろいろな種類があります。墓石のあるお墓から離れて、効率性を重視した埋葬施設で供養するタイプもあります。また、自然回帰の一つとして、人気が高まってきた樹木葬や散骨についてもご紹介します。

このように、供養方法やお墓のニーズは多様化しています。それぞれの方法にメリット・デメリットがあるため、自分の希望や家族・親族の意向、経済的な面など、さまざまな要素を考慮して選択することが大切です。また、将来の管理のしやすさや、子孫への負担なども視野に入れて検討する必要があります。

「墓じまい」が急増、2023年に過去最多16万件超え

厚生労働省の『衛生行政報告例』によると、日本の「墓じまい」（改葬）件数が急増しています。2023年には16万6886件と過去最多を記録し、20年前の2002年の7万2040件と比較して2倍以上に増加しました。

特に2010年代半ばから、墓じまいの件数は増加しており、2019年には12万件を突破しました。新型コロナウイルスの影響で一時的な減少が見られましたが、2022年に再び大幅増となっています。

墓じまいの背景には、少子高齢化や核家族化、過疎化、お墓に対する価値観の変化があります。具体的に見ていくと、お墓を受け継ぐ人がいない、お

墓が遠方にあって管理ができない、体力的・経済的負担が大きいなどが考えられます。

また、無縁仏（墓）の問題が知られるようになり、「ご先祖のお墓を無縁墓にしたくない」という気持ちが、墓じまいへの後押しになっているともいわれています。

墓じまい件数の推移

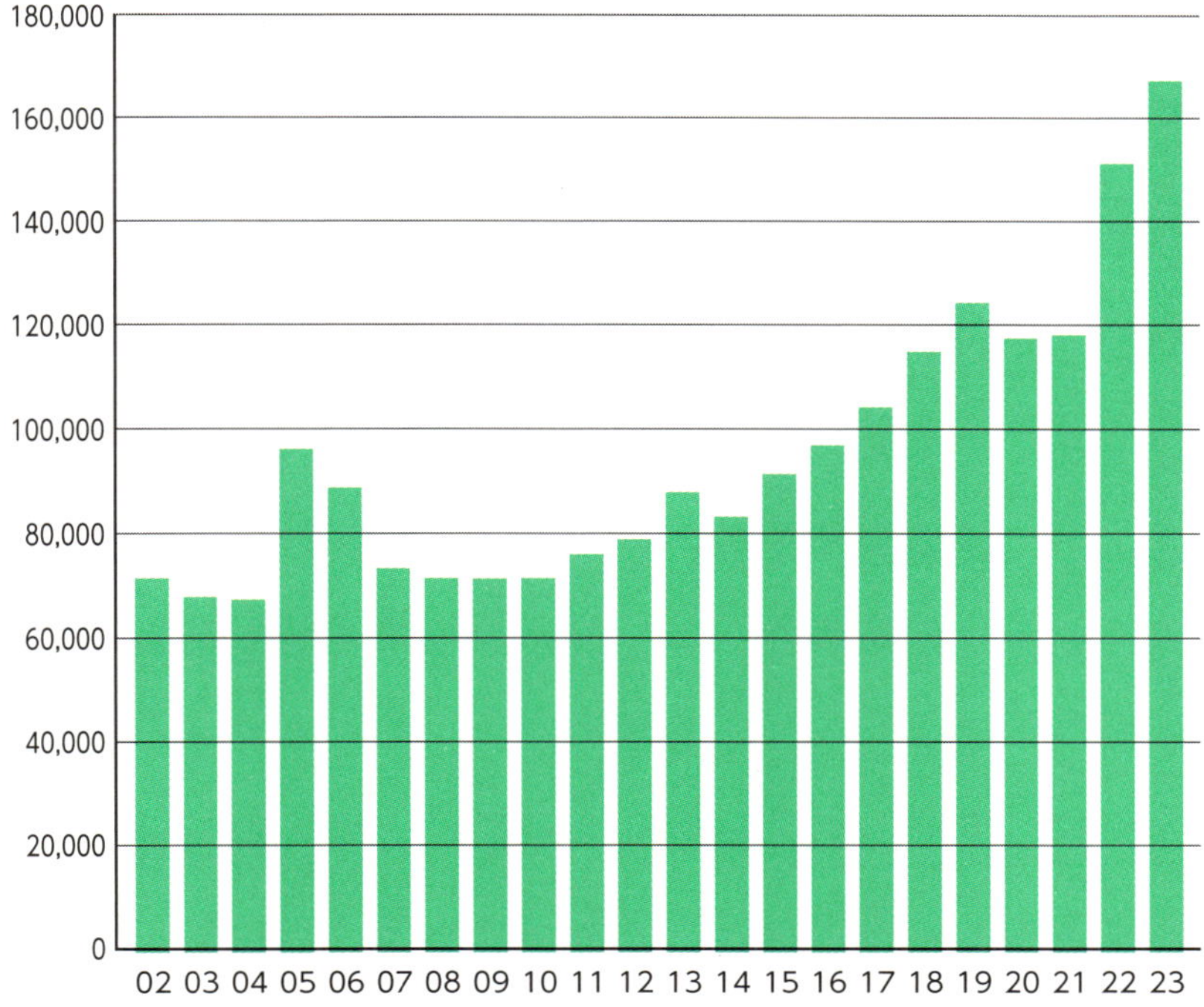

出典：政府統計の総合窓口（e-Stat）（https://www.e-stat.go.jp/）。グラフは厚生労働省の『衛生行政報告例』「第４章　生活衛生」の「埋葬及び火葬の死体・死胎数並びに改葬数，都道府県－指定都市－中核市（再掲）別」をもとに作成

墓じまいの新傾向
合葬墓・樹木葬が人気上昇

株式会社鎌倉新書が運営する「いいお墓」サイトの最新調査で、墓じまい（改葬）の新たな傾向が明らかになりました。2024年1月に実施された「第3回 改葬・墓じまいに関する実態調査」によると、改葬先として最も選ばれているのは永代供養墓の合葬墓《がっそうぼ》（合祀墓《ごうしぼ》）で、全体の30・9%を占めています。次いで人気なのは樹木葬で23・4%、従来の一般墓（家墓《いえはか》）は22・3%と3位に留まっています。納骨堂は17・2%で4位、散骨も1・2%あります。

この結果は、都市部を中心とした墓地不足や、お墓の維持管理の負担軽減を求める現代の需要を反映しています。合葬墓やほとんどの樹木葬は、承継者が不要で、管理が簡単ということで支持されてきています。一方、従来の一般墓も依然として一定の需要があり、お墓に対する価値観の多様化が進んでいることがうかがえます。

今後も社会変化に伴い、お墓の形態や選択基準はさらに変化していくことが予想されます。

改葬先の割合

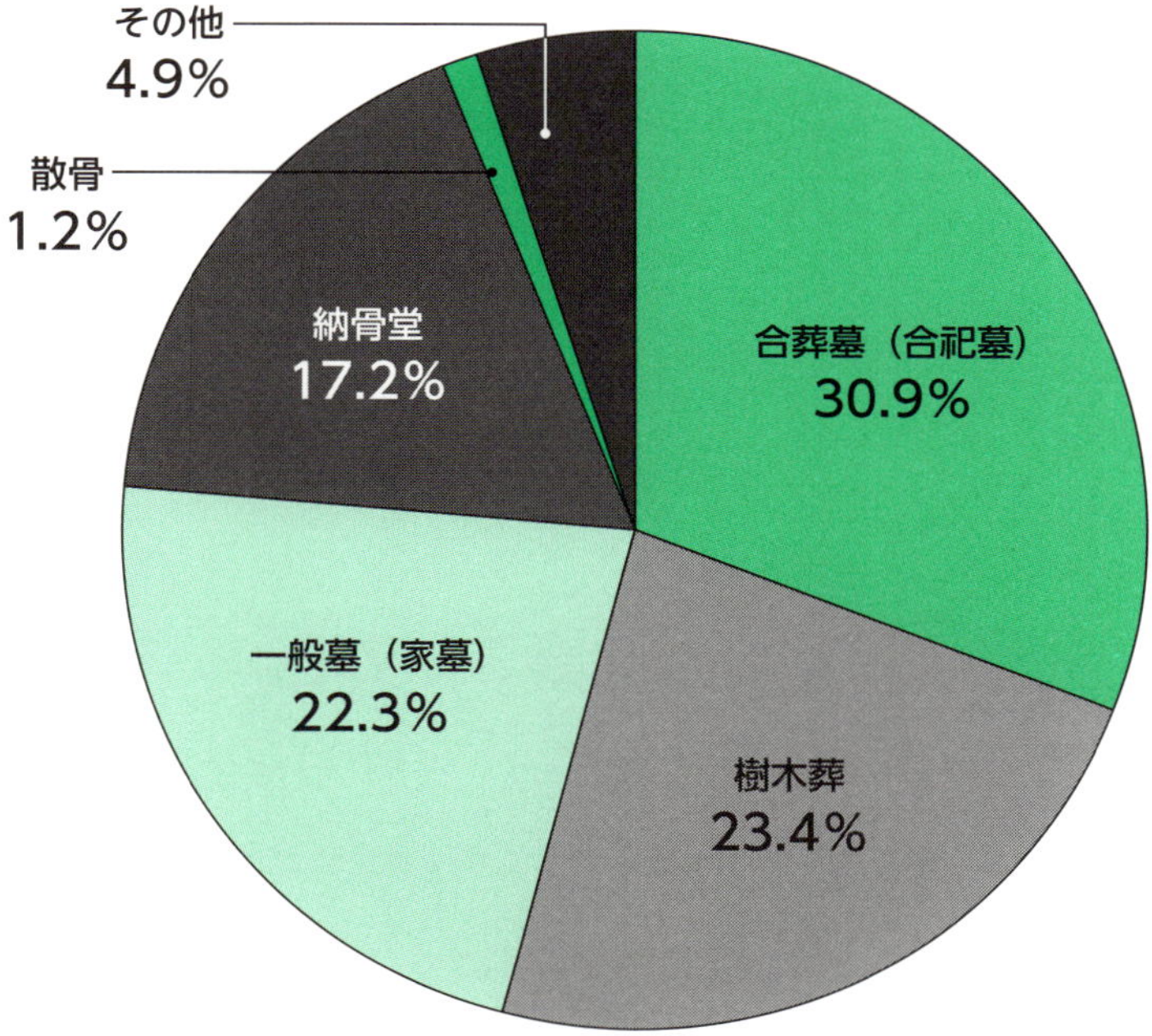

出典：「【第３回】改葬・墓じまいに関する実態調査（2024年）」（鎌倉新書「いいお墓」）
(https://guide.e-ohaka.com/research/survey_hakajimai_2024/) をもとに作成
(四捨五入の関係で合計は100%にならない)

さまざまな供養

次の供養の選択肢

墓じまいするお墓から取り出した遺骨の供養方法をまとめました。

供養先は墓石のお墓から樹木や海、山へと広がる

お墓から取り出した遺骨は、どんな供養をするのか、その供養先の種類をみていきましょう。

まずは永代供養墓です。永代供養墓は、墓地の管理者が永続的に供養を行う共同墓です。他の遺骨や骨壺と一緒に埋葬する方法で、個別の墓石を用意する必要がないため、比較的低コストです。中には一定期間個別に埋葬し、期間が過ぎたら他の遺骨と一緒に埋葬するパターンもあります。

次に納骨堂です。屋内の収蔵スペースに遺骨を安置する施設です。

樹木葬も人気です。樹木のまわりに遺骨を埋葬するもので、自然に還ることをうたい注目を集めています。なお、納骨堂や樹木葬の多くは、永代供養の方法をとっています。

最後は散骨や手元供養です。散骨は遺骨を自然に還す方法で、手元供養は自宅で供養を続ける方法です。これらは従来の「お墓」の概念を超えた新しい供養方法といえるでしょう。

最近では、デジタル技術を活用したバーチャル墓地、宇宙葬といった斬新な供養方法も登場してきています。

さまざまな供養方法

永代供養墓

合葬墓・集合墓 ➡ 50〜51ページ

個人墓・夫婦墓 ➡ 52〜53ページ

墓地管理者が永続的に供養を行う共同型の墓。一つの大きなスペースに他の遺骨と一緒に埋葬される。近年は、一定期間を個人や夫婦単位で個別に埋葬した後、他の遺骨と一緒に埋葬されるお墓も増えている。

納骨堂

➡ 54〜57ページ

遺骨を土に埋めずに、屋内の専用スペースに納める供養施設。寺院や自治体、民間が運営。

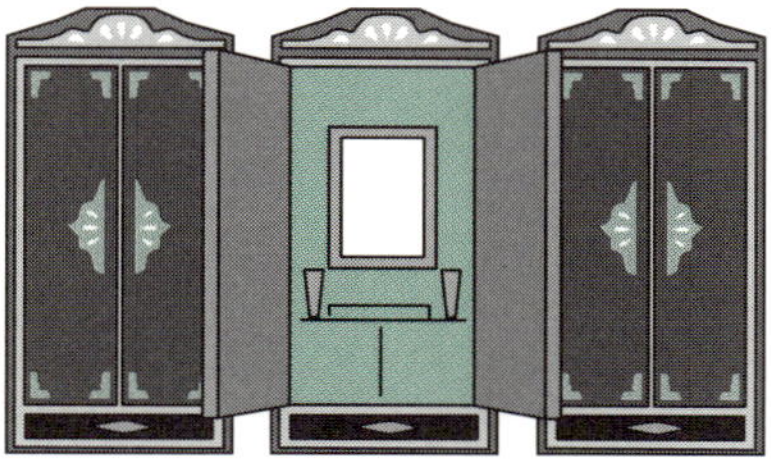

樹木葬

➡ 58〜61ページ

墓石の代わりに樹木や花壇を墓標にして、そのまわりの土に遺骨を埋葬する。墓地の一角などにある。

散骨、手元供養

➡散骨 62〜67ページ 、手元供養 68〜69ページ

散骨は、粉末状にした遺骨を海や山などにまく供養方法。ほかには遺骨を自宅に安置して供養する手元供養がある。

永代供養墓

永代使用と永代供養の違い

「永代使用」の家墓と「永代供養」の永代供養墓、その違いを説明します。

承継者の有無で大きく分けられるお墓

「永代使用《えいたいしよう》」と「永代供養」の意味と違いについて解説します。

「〇〇家之墓」と刻まれた墓石があり、家族が「家単位」で承継する伝統的なお墓のことを「家墓《いえはか》」（一般墓《いっぱんぼ》、承継墓《しょうけいぼ》、累代墓《るいだいぼ》）といいます。家墓は「永代使用権」が認められており、決まった承継者が代々受け継ぎます。永代使用権とは、その墓地を永続的に使用する権利のことです。墓地を所有する墓地の管理者に永代使用料を払って使用権を取得します。新しいお墓を作る場合は、墓石建立費の他に、この永代使用料や法要代を払うことになり、民営墓地の例で、１００万～３５０万円程度かかります（別に年間管理料が必要）。

一方、「永代供養墓」は、承継を必要としないお墓のことです。墓地の管理者が、お墓参りや手入れを代行し、遺骨の供養や維持管理を永続的に行います（永代供養）。多くの場合、一度きりの永代供養料を支払えば済みますが、一定期間の管理料が必要な場合もあります。費用は通常10万～１５０万円程度です。

家墓と永代供養墓の比較

墓の種類	家墓（一般墓、承継墓、累代墓ともいう）	永代供養墓

承継者の有無	承継者 あり	承継者 なし
供養する人	家族・近親者 	墓地の管理者 
払うお金	• 永代使用料（墓地を使用する権利を得るための費用） • 年間管理料（墓地を維持するための費用）	• 永代供養料（永代供養をしてくれる墓地管理者に納める費用）のみ ※年間管理料が不要なところと、一定期間まで払うところがある
合計費用	約 100 万～ 350 万円※	約 10 万～ 150 万円

※墓石代込み

永代供養墓

合葬墓・集合墓

共同型の永代供養墓である「合葬墓」と「集合墓」を紹介します。

いろいろある永代供養墓 共同型は他の人の遺骨と一緒

永代供養墓を、共同型の合葬墓《がっそうぼ》・集合墓《しゅうごうぼ》と、単独型の個人墓《こじんぼ》・夫婦墓《ふうふぼ》に分けて紹介します。まずは、墓じまい後の埋葬先として多く使われる、共同型の合葬墓・集合墓です。

合葬墓は、はじめから関係のない、不特定多数の遺骨と一緒に供養します。合祀墓《ごうしぼ》、合同墓《ごうどうぼ》ともいいます。中には友人関係など、限られた人たちだけで入る合葬墓もあります。墓石の建立や管理が不要なため、費用面でも10万円から30万円ほどと経済的で、中には3万円ほどから利用できる施設もあります。

集合墓は、屋外に共同の記念碑や石塔があり、その地下に他人と共有する収蔵スペースがあります。そのスペースに骨壺を収蔵しますが、個別に分かれているので、個々に骨壺を収蔵することができます。ただし、一定期間が過ぎると、骨壺から遺骨が取り出されて、他の遺骨と一緒に合葬されます。

永代供養墓は墓地によって呼び方も変わり、金額にも幅があるので、情報収集や現地見学などを行い、比較検討するとよいでしょう。

共同型の永代供養墓

合葬墓

身内ではない、不特定多数の遺骨と一緒に埋葬するお墓。他の遺骨と混ぜてしまうので、後からの取り出しができない。大きめの共同スペースの上に、供養塔や石碑、霊廟などが建てられている。

集合墓

屋外に記念碑のようなモニュメントがあり、その地下に収蔵スペースがある。そのスペースは区切られていて、個々に遺骨や骨壺を収蔵する。一定期間が過ぎると、遺骨が取り出されて、他と一緒に合葬される。

共同型永代供養墓のメリット&デメリット

メリット

・お墓の承継者がいなくても無縁墓にならない

・亡くなった後の供養の心配がない

・費用が比較的安価

・自分で維持管理する必要がない

デメリット

・見知らぬ他人の遺骨と一緒にされる

・合葬したら、物理的に遺骨の取り出しができない

・遺骨一柱ごとの費用なので、遺骨が複数あると費用がかさむ

永代供養墓

個人墓・夫婦墓

単独型の永代供養墓である「個人墓」と「夫婦墓」について解説します。

永代供養墓の新潮流 1人や夫婦で入れるお墓

永代供養墓の新しいカタチとして注目されているのが、「個人墓」や「夫婦墓」といった単独型のお墓です。個別の専用スペースがあり、1人、または夫婦2人で1つのお墓に入ります。

一定期間は個別に供養を行い、その後は、お骨が出され、他の遺骨と一緒に合葬されます。個別供養の期間は施設によって異なりますが、一般的には33回忌までとか、20年間などとされています。

個人墓では、従来の一般的な「家墓」と同じように、石の種類が選べたり、自分の好きな言葉や名前を入れたお墓を建てることができます。

夫婦墓は、夫婦単位で入るお墓で、夫婦2人の名前を墓石に入れます。

単独型は、共同型と比べると費用が高くなる傾向があり、年間管理料が必要な場合もあります。

利用者は、墓じまいをして、ご先祖の遺骨を永代供養墓に入れた後、子どもがいない、もしくは子どもにお墓の負担をかけたくない夫婦が多いようです。また、おひとりさまとして暮らす人や、他の人と一緒に埋葬されたくない人が申し込むケースも増えてきています。

単独型の永代供養墓

個人墓

- 1人だけで入るお墓
- 「〇〇家之墓」という名称は入れず、個人の名前のみを墓石に入れる
- 従来の一般的な「家墓」と同じように、自分で好きな形や種類の墓石にできる
- 昔は、歴史的な偉人や著名人が埋葬されることが多かった
- 今は、独身者や他の人と一緒に埋葬されたくない人に選ばれる
- 一定期間が過ぎた後は、合葬墓に移される

夫婦墓

- 夫婦２人だけで入るお墓
- 墓石には夫婦２人の名前のみを入れる
- 自分で好きな形や種類の墓石にできる
- 子どもがいる、いないに関係なく、承継をしないのが原則
- 一定期間が過ぎた後は、合葬墓に移される

その他の形態

- **家族墓** 家族で入れる永代供養墓。お墓の管理や供養は墓地・霊園側が行う。親と自分と子どもの三世代、もしくは親と自分の二世代で入るケースが多い。一定期間が過ぎたら、他の遺骨と合葬される。
- **両家墓** ２つの家のお墓を１つにまとめたお墓。一方の家のお墓に、一方の家の遺骨を移したり、新たに手に入れた墓地に両家の遺骨を入れたりする。永代供養墓ではないが、承継者不足の中で見直された合理的な埋葬法。

納骨堂とは？

都市型のお墓として注目の納骨堂をご紹介します。

都市生活に適した供養法 好アクセスと低コストが魅力

納骨堂は、遺骨を土の中に埋葬するのではなく、屋内の収蔵スペースに安置する施設です。

納骨堂は収蔵期間の違いによって、種類が分かれます。まず、永代供養のお墓として使えるタイプ。これにはすぐに合葬されるものと、一定期間は個別で供養後に合葬されるものがあります。次が、従来の墓地のように永代使用権が認められるタイプ。子孫に受け継いでいくお墓です。最後に、数年単位で収蔵する契約を更新できるタイプ。一時的な安置所として利用できます。

納骨堂の魅力は、アクセスのよさと経済性にあります。多くの場合、交通の便がよい場所に位置し、墓石建立が不要なため比較的低コストです。また、屋内施設であるため天候に左右されず、管理の手間も少ないのが特徴です。

一方で、お供えや線香の使用に制限がある場合や、繁忙期の混雑、将来的な施設の老朽化などが課題として挙げられます。

もともとはお墓ができるまでに、寺院が用意した一時的な預かり所だった納骨堂ですが、今では新しいカタチの供養法として注目されています。

納骨堂の種類

永代供養タイプ

永代供養のお墓として利用できる。①最初から他の人の遺骨と一緒の収蔵するもの、②一定期間は個別収蔵して、期間が過ぎたら合葬されるものがある。

永代使用タイプ

一般の家墓同様に「永代使用権」が認められているため、購入した区画を永代にわたり使用することができる。

更新できるタイプ

遺骨の収蔵を数年単位で契約。契約満了になれば更新をして、引き続き使用できる。他への移転や新たにお墓を建てるまでの間に使われる。

納骨堂のメリット&デメリット

メリット

・交通の便がよい立地にあることが多い
・墓石などを立てる必要がないため、比較的安価
・手入れや掃除が必要ない
・天候に左右されない
・寺院が経営している納骨堂でも、宗派不問のところが多い

デメリット

・お線香やお供え物に制限がある
・時期によっては混雑する
・施設の老朽化、メンテナンスが必要になる場合も

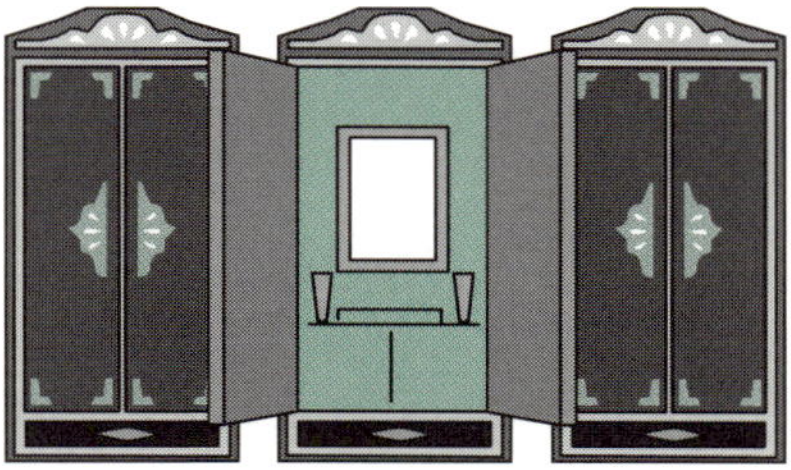

納骨堂

多様化する納骨堂

納骨堂にもさまざまなタイプがあります。

3つの主要タイプとその特徴

現代の納骨堂は、多様な形態と機能を備えています。主に3つのタイプがあります。

まず、仏壇タイプは30万円から150万円ほどで、家族での使用に適しています。仏壇とお墓の2つの機能を兼ねています。

次に、ロッカータイプは最も手頃で、20万円から80万円程度です。個別の骨壺を安置でき、扉付きの棚で管理されます。

自動搬送タイプは80万円から150万円ほどで、都心部でよく見られます。コンピュータ制御で遺骨が自動的に運ばれてくる最新式です。

他にも数は多くないですが、位牌タイプという個別の位牌を祀《まつ》れるタイプがあり、家族ごとの使用が可能です。

これらに加え、夫婦用や家族用の納骨堂も増えています。夫婦用は50万円から150万円程度で、家族用は80万円から200万円程度です。

最近では太陽光発電やLED照明による省エネルギー化、雨水の再利用用システム、そして生分解性の素材を用いた骨壺を採用するなど、環境に配慮したエコな納骨堂なども登場しています。

納骨堂の種類

❶仏壇タイプ
（約30万～150万円）

上段に仏壇があって位牌が置かれ、下段に遺骨を納めるスペースがある。写真や記念品なども飾れる。広めのスペースがとられていて、夫婦や家族で使われる場合が多い。

❷ロッカータイプ
（約20万～80万円）

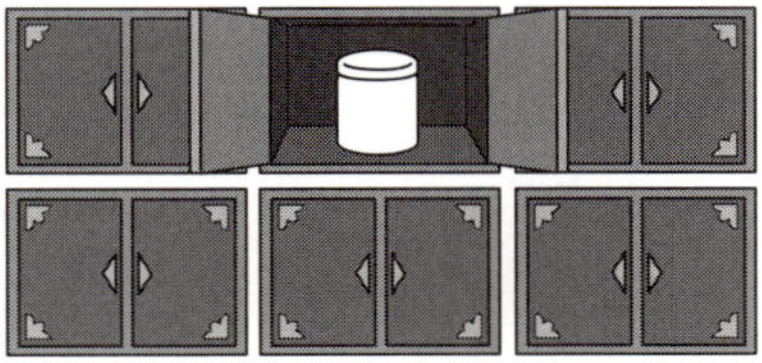

ロッカーのように扉が付いた個別の棚が並んだタイプ。骨壺を1～複数口入れられるくらいのスペースで、比較的安価。お供えなどができない場合が多い。

❸自動搬送タイプ
（約80万～150万円）

参拝者がタッチパネルを操作することで、奥の収蔵スペースに置かれた骨壺や位牌が、参拝者の目の前に自動搬送されるタイプ。ゆったりした参拝スペースでお参りできる。高級感のあるつくり。

この他に数は少ないが、個別の位牌をシンボルとして掲げる位牌タイプがある。位牌と遺骨を近くに置く形と位牌と遺骨を遠くに置く形がある。

樹木葬とは？

自然と共に眠る樹木葬が注目を集めています。

永代供養と環境配慮が樹木葬のメリット

自然との調和を求める現代の埋葬方法として、樹木葬が注目を集めています。これは、墓地として許認可を受けた場所で、墓石の代わりに樹木や草花を墓標とし、遺骨を埋葬する新しい形式のお墓です。承継者を必要とせず、自然を愛する人に支持されています。

樹木葬の特徴は、多くが永代供養のシステムを採用していることです。遺骨は最初から、あるいは一定期間後に他の遺骨と合葬されます。これには、墓石不要による費用削減の他に、石材採掘による環境負荷の軽減といった効果もあります。また、宗教不問のところが多いのも特徴です。

しかし、課題もあります。新しい概念のため、家族や親族の理解を得るのが難しい場合があります。また、1～2人の遺骨は入れられても、家族の遺骨を入れるスペースはない場合があります。他の永代供養と同様に、合葬後は遺骨の取り出しができません。立地によってはアクセスの不便さや、お供え物や線香、ロウソクの使用制限などの制約もあります。自然が近く感じられる分、災害によるリスクも考慮するといいでしょう。

樹木葬の特徴

・墓石の代わりに樹木や草花を墓標にしている
・自然を愛する人を中心に支持されている
・ほとんどが永代供養のシステムを採用している

樹木葬のメリット&デメリット

メリット

・木や花の下など、自然に包まれた場所に埋葬できる
・承継者がいらない
・墓石がないので、費用が安く抑えられる
・環境への配慮
・宗旨・宗派を問わないところが多い

デメリット

・家族や親族に理解されにくいことも
・郊外の山野を利用している場合、アクセスが不便
・お供え物や線香、ロウソクの使用が禁止されていることもある
・災害に見舞われたら、お墓が消失する可能性がある

樹木葬

樹木葬にもいろいろある

里山型から公園型まで、その種類と特徴をご紹介します。

自然に寄り添う「里山型」と都市型の「霊園型」

樹木葬は、大きく2つのタイプに分類されます。

自然の地形を活かした「里山型」では、遺骨を大地に還し、その上に木を植えることで、生命の循環を表現しています。

一方、より都市部に適した「霊園型」は、既存の墓地の一角を公園のように整備したもので、現在最も普及しているスタイルです。最近では墓地内に木や花を植えて欧州風の庭園にした「ガーデンタイプ」もあります。

さらに、樹木葬には遺骨の安置方法により3つの形式があります。「個別式」は、1つの区画に1本の木を植え、個人や家族単位で個別に埋葬します。「集合式」は共同の区画に、骨壺に入った遺骨を複数体埋葬します。「合葬式」は、1つの区画内で他の遺骨と一緒に埋葬します。

これらは、さまざまなニーズに応えており、個別性を重視する人、コストを優先する人、単身者など、各事情に対応できます。多くの樹木葬墓地では、一定期間後に遺骨を合葬するシステムを採用しており、墓地によってその期間が異なるので注意しましょう。

樹木葬の主な２タイプ

里山型

郊外や地方にあり、墓地としての許可を得た山野を活かした自然に近いタイプ。自然に還るために、遺骨を土中に埋葬して、墓標の木を植える。

霊園型

墓地の敷地の一角に、公園のように整備した場所を作り、そこに墓標の木を植えて、そのまわりに埋葬するタイプ。

３つの埋葬形式

個別式

遺骨を埋葬する１つの区画に対して、個別で埋葬でき、区画ごとに１本の木がある。個人や夫婦、家族単位で利用できる。

集合式

１本の木の下に広い共用の区画があり、その中に数柱〜数十柱の遺骨を埋葬する。区切りのあるタイプや、骨壺だけで分けて納めるタイプがある。

合葬式

最初から１つの区画の中に、他の遺骨と一緒に埋葬する。

※個別式も集合式も一定期間が過ぎた後は他の遺骨と一緒に合葬されるが、最近では承継できる樹木葬も出てきた。

散骨

散骨とは？

環境に優しく、法的にも認められた供養方法です。

法的問題は解消したが地域ごとの規制に要注意

近年、自然との調和で注目を集めている散骨は、遺骨を細かく砕いた粉末を自然の中にまく供養方法です。環境への配慮や自然回帰の思想から、多くの人が関心を寄せています。かつては法的な問題が指摘されていましたが、現在では適切に行われる限り合法とされています。

ただし、散骨を実施する際には、地域の条例や規制を事前に確認することが重要です。また、経験豊富な専門業者に依頼することで、安全かつ適切に行うことができます。

散骨には、遺骨の一部またはすべてをまく2つの選択肢があります。すべてをまく場合、後で供養する場所がないことに不安を感じる人もいるため、先々のことも家族や親族で話し合いましょう。

また、地方自治体が散骨を禁止している場所や、土地の所有者の許可が必要な場所もあるので事前の確認が必要です。公共の場所でも他の人の迷惑にならないよう配慮が必要です。最近では、専用の散骨場や樹木葬墓地など、安心して散骨できる場所も増えています。

散骨とは……

- パウダー状にした遺灰を海や山にまいて自然に還す供養方法
- 樹木葬同様、自然派志向の人々から注目されている

以前は

散骨の違法性を指摘する声もあった

1991年に法務省が「散骨は節度をもって葬送の一部として行われる限り問題ない」との見解を出した。これにより、現在は法律違反ではないという見解で一致。

注意点

- 条例などで散骨を禁止している自治体もある
- 地域の事情に詳しく、実績のある散骨業者へ相談する

散骨の実施方法と費用

海洋散骨の方法と費用を詳しく解説します。

専門業者に依頼 3つの方法と費用の目安

近年、人気を集めている散骨ですが、遺骨を海にまく海洋散骨が主流となっています。山での散骨も増加傾向にありますが、所有権や周辺住民への配慮が必要なため、海洋散骨がより一般的です。ただし、海洋散骨においても、漁業や海水浴、船舶の航行に影響を与えない場所を選ぶことが重要です。

散骨を行う際は、専門業者に依頼することをおすすめします。業者による海洋散骨には、代行、合同、個別の3つの方法があり、費用が異なります。一般的な費用の目安は、代行で5万円程度、合同で15万円前後、個別では20万円から30万円ほどです。

散骨は、法律上、遺骨をお墓に移すこと（改葬）にはならないので、改葬許可証は必要ありません。行政と埋葬施設の管理者に確認し、業者への依頼、遺骨の引き取りと粉骨、散骨式の実施、そして散骨証明書の発行まで、複数の段階を経て行われます。

散骨は、環境への配慮と故人の意思を尊重する選択肢として、今後も注目されていくでしょう。

海洋散骨 3つの方法

①代行	②合同	③個別
（約5万円）	（約15万円）	（約25万〜35万円）
業者が遺骨を預かり、遺族に代わって散骨を行う。	遺族数組と船に同乗し、散骨を行う。	船を貸し切り、家族や親族のみで散骨を行う。

海洋散骨の流れ

1	行政と埋葬施設の管理者に確認
2	散骨業者に申し込み
3	業者による遺骨の引き取り
4	遺骨をパウダー状にする
5	散骨する場所へ船で向かう（もしくは業者に代行させる）
6	散骨式（遺骨を海にまく）
7	「散骨証明書」の発行

パウダー状の遺骨

散骨している様子

散骨式の後にもらう散骨証明書

散骨

散骨の歴史と課題

トラブルを避けるために守るべきルールを確認しましょう。

散骨のマナーと規則 環境と地域への配慮を忘れずに

散骨は奈良時代の万葉集にも記されているほど古くから存在する方法で、現代社会でも新たな注目を集めています。特に1980年代後半の著名人の海洋散骨計画をきっかけに、広く認知されるようになりました。

当初は法的な問題から実現が難しかった散骨ですが、時代の変化とともに市民権を得てきました。しかし、環境保護や地域住民への配慮から、自治体によっては条例で規制されています。

散骨を行う際には、いくつかの重要なマナーと規則を守る必要があります。遺骨は1片2ミリ以下の粉末状にすることが求められ、そのままの形で散布することはマナー違反です。また、私有地での散骨には所有者の許可が必要です。

さらに、自治体のルールを事前に確認し、自然環境や景観を損なわないよう配慮し、衛生面や地域住民への心理的影響も考慮して適切な場所を選ぶことが求められます。

散骨は、従来の墓地管理にとらわれない新しい供養として注目されていますが、社会や環境への配慮を忘れずに行うことが大切です。

散骨の歴史

奈良時代には行われていた

万葉集にも記載あり

1987 年：俳優・歌手の石原裕次郎さんが亡くなる

↓

兄の石原慎太郎さんが、海が好きだった弟のために海洋散骨を計画

注目が集まる

※当時は死体損壊等罪（刑法 190 条）に触れるため実行ならず

↓

1990 年代に入り、法務省などの見解が出され、散骨が実施されるようになる

散骨のポイント

- 遺骨を細かく砕き、パウダー状の遺灰にする
- 地主の了承を得る
- 自治体のルールを確認
- 環境保全に配慮
- ふさわしい場所を選ぶ

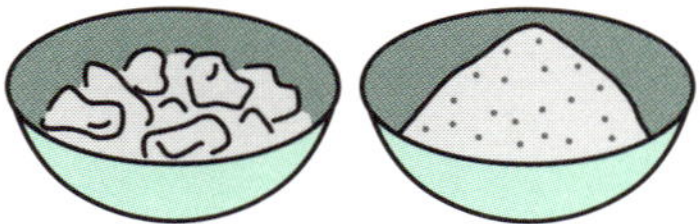

手元供養とは？

故人を身近に感じられる手元供養をご紹介します。

将来を見据えて長期的な遺骨の安置先の検討を

近年、新たな供養として注目を集めている手元供養について、その特徴と注意点をご紹介します。

手元供養とは、遺骨を自宅に安置して供養する方法です。法的な問題はなく、特別な手続きも必要ありません。故人を身近に感じられる点や、お墓の購入費用が必要ないといった観点から、シンプルな弔い方として支持を得ています。自宅での安置は、いつでも気軽にお参りができる利点もあります。一方で「成仏」や「供養」に対する考え方や促え方は人それぞれですので、共感が得られるように家族や親族との事前の話し合いが大切です。

最近では、インテリアとして調和する骨壺や、分骨用の小さな容器など、さまざまな商品が登場しています。遺骨の安置場所に決まりはありませんが、故人と家族にとって最適な場所を選びましょう。

将来的には、手元供養を引き継ぐ人がいなくなった場合の対策も考えておく必要があります。長期的な視点で、遺骨の最終的な安置先についても検討しておくことをおすすめします。

手元供養とは……

**遺骨をお墓に納めず、
自宅に安置して供養する方法**

手元供養のメリット＆デメリット

メリット

・お墓に出かける必要がなく、いつでもお参りができる

・お墓を購入する費用がかからない

デメリット

・「成仏できない」などと、嫌がる人もいる。特に年配者の中には抵抗感を持つ人も多い

- 手元供養に法的な問題はない
- 役所などへの手続きも必要ない
- 安置場所に決まりはない
- 近年は手元供養用の骨壺や分骨用の商品などが充実している
- 将来的な遺骨の行き先を決めておく必要がある※

※手元供養の承継者がいなくなったときへの備えとして、末永く安置できるところを探す。

分骨とは？

1カ所に遺骨を埋葬しておくことに不都合がある場合、分骨という選択肢があります。

分骨の2つのタイミングと必要な証明書

分骨とは、遺骨を複数の場所に分けて供養する方法で、家族・親族の事情や希望に応じて柔軟に対応することができます。

分骨には、火葬時に行う場合と、すでに埋葬されている遺骨を分ける場合があります。どちらの場合も、「分骨証明書」の発行が必要となります。火葬時の分骨では火葬場で、すでに埋葬された遺骨の分骨ではお墓の管理者から、この証明書を発行してもらいます。

分骨は、遠方にあるお墓参りの負担を軽減したい場合などに適しており、例えば、墓じまいをせずに一部の遺骨を手元に置くことで、日々の供養が可能になります。

また、墓じまいと同時に分骨を行う場合は、埋葬（蔵）証明書と分骨証明書の両方を発行してもらう必要があります。

分骨は故人との絆を保ちつつ、現代の生活様式に合わせた供養方法として、選択肢の一つとなっています。

分骨とは……

遺骨を分けて別々の場所で供養すること

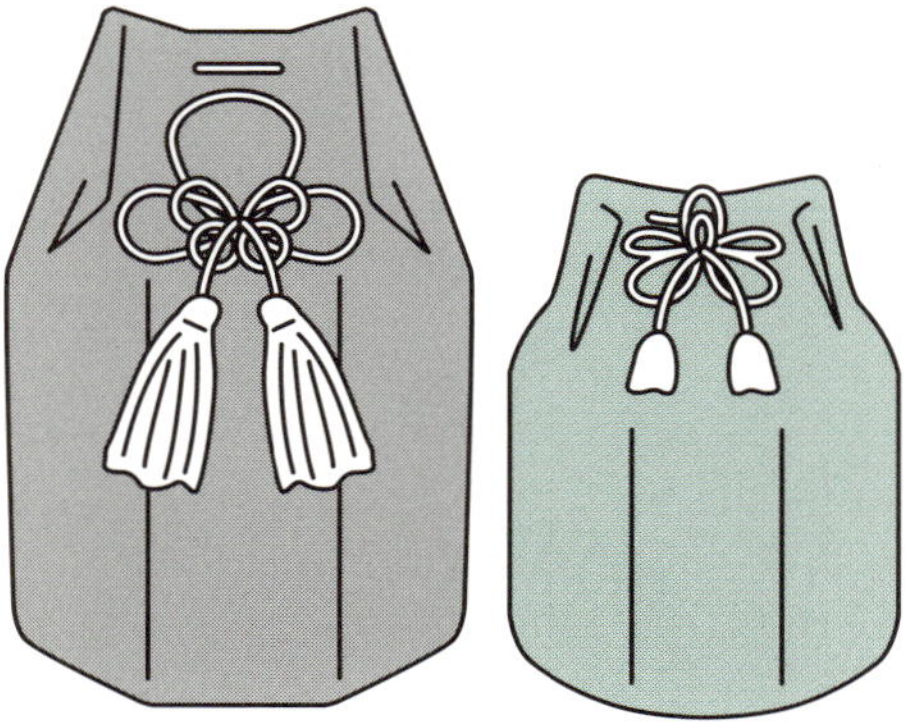

分骨の流れ

分骨するための骨壺を用意する

↓ ↓

❶火葬したときに分骨
火葬場で分骨証明書を発行してもらう

❷すでに納骨している遺骨を分骨
遺骨が入っているお墓の管理者に分骨証明書を発行してもらう

↓ ↓

遺骨をあらかじめ用意した骨壺に納める

↓ ↓

分骨先に分骨証明書を提出し、分骨した骨壺を納める

第3章
現代のお墓事情

実際の墓じまいはどのように行われるのか、
よくあるケースを見ていきましょう。
また、墓じまいをする理由で最も多いのが、
お墓を受け継いで守ってくれる人がいないという承継問題です。
あらためて、お墓を承継するとはどういうことか考えます。
「無縁墓」についても解説します。

お墓を持つのは大変だ

墓じまいを行った後に、取り出した遺骨をどう供養するか、そこにはいろいろな方法があることをこれまで紹介してきました。この章ではまず、お墓を管理・運営している経営母体に焦点を当てて、墓じまい後の引っ越しについて解説していきます。墓地の経営母体は大きく3つに分かれ、公営墓地、寺院墓地、民営墓地があります。経営母体によって、墓地の様子やお墓の在り方に違いがあるので、お墓の引っ越し先を選ぶ際の参考にしましょう。

そして、墓じまいのパターンとして多く見られるのが、次の4パターンです。

1. 寺院墓地から公営墓地・民営墓地へ移す

2. 公営の一般墓地から永代供養墓へ移す
3. 公営墓地・民営墓地から寺院墓地の永代供養墓へ移す
4. 公営墓地・寺院墓地・民営墓地から散骨

それぞれの内容について、後のページで解説していきます。

墓じまいが増えてきているとはいえ、従来のお墓を受け継いで守っている人や自分たちが入るための新しいお墓を建てる人も大勢います。お墓を守るとはどういうことをするのか、お墓を受け継ぐ承継者について、あらためて考えます。そして、先祖や家族、親戚のお墓ではなく、自分が入るお墓はどうするのか、どう供養されたいかについて、見ていきましょう。

お墓の承継者になれば、さまざまなおつとめをはたさなければなりません。まず、墓地の管理者に連絡して名義変更の手続きを行う必要があります。公営墓地では手数料が発生することもあります。さらに、年間管理料の支払いやお墓参りなど、継続的な義務が生じます。

寺院墓地の場合は、これらに加え、檀家としての役割も引き継ぐことになります。お布施や寺の行事への参加など、経済的・時間的な負担が増えることもあるでしょう。また、法要の開催も承継者の重要な役割の一つです。故人を偲び、親族が集まる大切な機会ではありますが、準備や費用の面で負担が大きいのも事実です。

特に、遠方にお墓がある場合は、これらを果たすことがさらに大変になります。

また、承継者がいなかったり、管理料の支払いを怠ったりすると、お墓が無縁墓《むえんぼ》とされてしまうリスクもあります。無縁墓は墓地の管理者によって撤去される可能性があり、先祖代々のお墓を失うことにもなりかねません。

現代社会では家族の形態や価値観が多様化しており、従来のお墓の在り方が必ずしもすべての人に適しているとは限りません。子どもがいない場合や、親族と疎遠な場合など、お墓の承継が難しい状況も増えています。

このようにお墓を持つことはたしかに大変ですが、それは同時に、先祖とのつながりや家族の絆を再確認する機会でもあります。現代社会に適した形で、故人を偲び、家族の歴史を紡いでいく方法を、一人ひとりが考えていくことが求められているのです。

墓地の経営母体

どこの墓地にするのか？

墓地は、経営母体によって3つに分かれます。

昔からある寺院墓地の他に公営や民営の墓地も登場

お墓は墓地にあります。墓地は都道府県知事の許可を受けた場所で、遺骨を埋葬し、そのお墓を維持管理する経営母体があります。昔は寺院だけでしたが、今では公営や民営の墓地も普通に見られるようになりました。公営墓地は、都道府県や市区町村といった地方自治体が管理・運営している墓地です。都立霊園や市立墓地と呼ばれるところです。寺院墓地は、宗教法人である寺院が管理・運営を行っています。民営墓地は、公益法人や宗教法人が管理・運営している墓地です。それぞれの特徴などについては、80ページ以降で詳しく説明していきます。

墓地を選ぶ際は、自宅からの距離、交通の便、周辺環境、設備などを総合的に考慮しましょう。また、自分や家族の希望、宗教観、予算なども重要な要素です。

最近では、永代供養のお墓を提供する公営墓地や民営墓地に人気がある一方で、寺院墓地の経営難が問題となっています。新しい動きとして、ITを活用したバーチャル墓地まで登場してきました。

墓地・霊園の３つの経営母体

公営墓地

都道府県や市区町村などの自治体が管理・運営

寺院墓地

寺院が管理・運営。お寺の境内や隣接する敷地内に墓地がある

民営墓地

公益法人や宗教法人が管理・運営を行う

Mini Column

バーチャル墓地

インターネット上に作られた仮想的な墓地や追悼空間のこと。実際の物理的な墓地ではなく、デジタル技術を使って故人を偲ぶ場所を提供する。

- いつでもどこからでも訪問可能
- 故人の写真や動画、思い出の品などを自由に掲載
- 家族や友人が書き込みできるメモリアルウォール
- オンラインでの献花や線香をあげる機能
- 生前の情報やエピソードを記録

墓地の経営母体

墓地について知る

それぞれのメリット・デメリットを確認しておきましょう。

3つのタイプの違いを理解する

公営墓地は、安定した経営と管理体制が魅力で、比較的安価です。宗教を問わず利用でき、石材店も自由に選べます。しかし人気が高く、入手が難しいのが難点です。また、居住地などの資格制限もあるので注意が必要です。

寺院墓地は、年間を通じて手厚い供養が行われ、管理も行き届いています。ただし宗教や宗派が限定され、檀家になる必要があります。お布施や行事への参加など、経済的・時間的な負担も考慮しましょう。

民営墓地は自由度が高く、宗教や資格の制限がほとんどありません。しかし費用が比較的高く、石材店が指定制であることが多いです。立地によっては交通の便が悪い場合もあります。

どの選択肢も一長一短があるため、自分のニーズや予算、将来の管理のしやすさなどを考慮して、慎重に選ぶことをおすすめします。事前に十分な情報収集や現地見学を行いましょう。

それぞれの墓地の特徴をふまえた上で、82ページからは、墓じまいをした後に遺骨を移す際の主な4つのパターンを解説します。

各墓地のメリット&デメリット

	メリット	デメリット
公営墓地 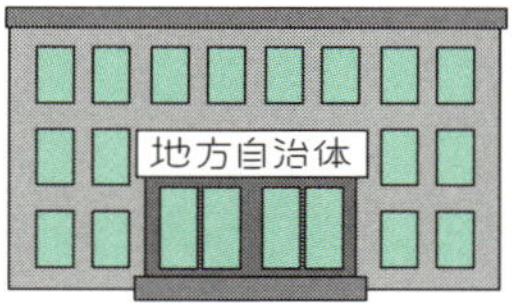 	■経営・管理体制が安定している ■寺院墓地や民営墓地に比べて割安 ■宗教・宗旨・宗派不問 ■石材店を自由に選べ、好立地が多い	■人気が高い上に募集数が少ないため、入手が困難 ■資格制限があることも
寺院墓地 	■お彼岸やお盆など年間を通じて手厚い供養が行われる ■管理が行き届いている	■宗教・宗旨・宗派が制限される ■檀家になる必要があり、お布施や付け届けなど経済的な負担が増す ■お寺の行事への参加といった日頃のおつきあいも求められる
民営墓地 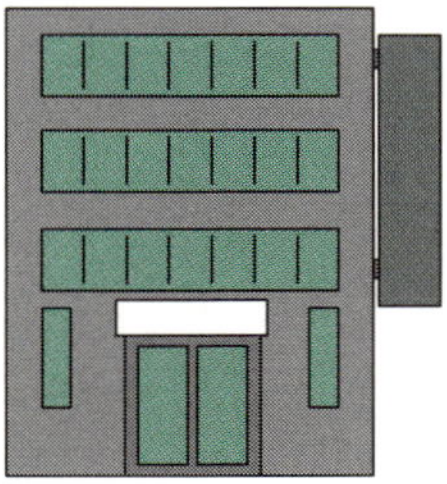	■資格制限はほとんどない ■宗教・宗旨・宗派が不問のところが多い ■自由度が一番高い	■永代使用料や年間管理料が割高 ■石材店は指定業者制 ■郊外の大規模施設の場合は交通の便が悪い ■経営・管理体制が墓地によって差がある

墓じまいのパターン①

寺院墓地↓公営墓地・民営墓地

寺院にあるお墓を墓じまいし、公営墓地や民営墓地に移るための手続きやポイントを紹介。

増加する寺院墓地からの移行　その背景と選択肢

先祖代々の寺院墓地から、公営墓地や民営墓地の一般墓地、永代供養墓、納骨堂などへ移るパターンは、近年増加傾向にあります。背景には、承継者不在の問題や、子孫への負担軽減の願い、さらには寺院との関係性の変化など、さまざまな理由が存在します。

大切なのはお寺との交渉です。突然の通知は避け、事前に相談の機会をもうけ、埋葬（蔵）証明書の発行を依頼する際も、単なる手続きではなくお寺との対話の機会として捉えます。

次に大切なのが改葬許可証の取得です。この手続きは、役所窓口での直接申請が一般的ですが、最近では郵送対応も増えてきました。ただし、郵送不可の自治体も依然として存在します。特に、お墓が遠方にある場合、手続きには相当な時間と労力がかかる可能性があります。

行政書士による代行サービスも選択肢の一つですが、交通費を除いた代行費用は４万～６万円程度が相場となっています。

墓じまいの計画は、十分な時間的余裕を持って計画を立てることが極めて重要です。

寺院墓地から
公営墓地・民営墓地へ移す

・先祖代々のお墓を改葬
・最も多いパターン

こんな人が希望

・承継者がいない
・子孫に迷惑をかけたくない
・お寺との関係がこじれた……

お寺側が埋葬（蔵）許可書を出し渋った例も…

手続きのポイント

改葬許可証を取得

・役所の窓口で申請
・郵送可能な自治体も増えたが時間がかかる
・行政書士による代行も可能（4万～6万円必要）

※余裕を持って進めること!!

墓じまいのパターン②

公営の一般墓地↓永代供養のお墓

公営墓地にある一般墓地（家墓）から、同じ墓地内にある永代供養のお墓に入るパターンです。

東京都の合葬墓への移行例

公営墓地にある先祖代々のお墓を墓じまいして、同じ敷地内にある永代供養のお墓（永代供養墓や納骨堂など）へ移すパターンもよく見られます。承継者の不在や管理の負担軽減を考える人々にとって、魅力的な選択肢となっています。

例えば東京都では、この移行を「施設変更制度」と呼んでいます。都立霊園の一般墓地利用者が、遺骨を合葬墓に移し、都が継続的に供養を行うというものです。同じ霊園内での移動なので、手続きも比較的スムーズに進められます。

具体的な流れとしては、霊園事務所での申請から始まり、使用許可証の取得、改葬申請、閉眼供養、墓石撤去、そして最終的に合葬墓への納骨という順序になります。ただし、墓石撤去の業者選定は自身で行う必要があるので注意が必要です。

この利点は、使用料が一般的に寺院の永代供養墓よりも安価なこと、もしくは無料で利用できるところもあることです。自治体の制度を活用し、負担を減らしながら供養することができます。ただし、各自治体によって制度の詳細は異なるので、事前に十分な確認が必要です。

公営の一般墓地から永代供養のお墓へ移す

東京都の場合

［施設変更制度］
対象者：承継者がおらず都立霊園を利用している人

遺骨を合葬墓に埋葬して都が供養

手続きの流れ

霊園事務所で施設変更申請
↓ 2〜3カ月
施設使用許可証が発行
↓
事務所で改葬申請書に記入
↓
合葬墓に納骨

墓じまいのパターン③

公営墓地・民営墓地→寺院墓地の永代供養墓

公営墓地・民営墓地の家墓から寺院墓地の永代供養墓への移行をご紹介します。

公営墓地内での移行と類似
寺院ならではの手厚い供養が魅力

墓じまいの選択肢として、公営墓地や民営墓地の家墓から寺院墓地の永代供養墓の合葬墓へ移行というパターンもあります。選ばれる理由として、承継者不在や、現在のお墓が遠方にあり参拝に行くのが難しいという他に、信仰心の厚い人にとっては、宗派のはっきりした寺院墓地での供養に安心感を覚えることもあります。信頼する寺院が継続的に供養を行ってくれる点も、大きな魅力といえるでしょう。また、公営墓地に落選した人が申し込むケースもあるようです。

この移行の基本的な流れは、公営墓地内での移行と似ています。改葬申請書の提出、閉眼供養、墓石の撤去、遺骨の取り出し、そして永代供養墓への納骨という順序で進みます。

注意すべき点は、宗派が違うと、寺院の宗派に合わせて改宗が必要になる場合があることです。ただし、仏教徒であれば宗旨・宗派を問わない寺院墓地もあるので、事前の確認が必要です。

寺院の永代供養墓への移行は、宗教的な安心感と継続的な供養を求める人に適した選択肢となっています。

公営墓地・民営墓地から寺院墓地の永代供養墓へ移す

こんな人に向いています

- 承継者がいない
- 遠くてお墓参りに行けない
- きちんとした宗派がいい

信仰心が篤い人におすすめ！

手続きの流れは……

霊園事務所で改葬申請書記入（現地で）

▼

墓参り・閉眼供養

▼

墓石の撤去、遺骨の取り出し

▼

寺院の永代供養墓に納骨

公営・民営墓地の家墓

寺院墓地の永代供養墓

墓じまいのパターン④

公営墓地・寺院墓地・民営墓地→散骨

散骨する場合、今のお墓がどの墓地にあるかで、手続きが変わります。

海洋散骨の法的位置づけと手続きの実態

墓じまいをして散骨、特に海洋散骨を希望する人が増えています。従来のお墓の管理の負担から解放されるだけでなく、「故人が好きだった海で眠ってほしい」「自然に還したい」といった人たちのニーズに叶う方法となっています。

散骨は、遺骨を他のお墓に移すことではないので、法律上、改葬とは見なされず、改葬申請手続きは不要です。しかし、実際の運用では、自治体や散骨業者によって対応が異なる場合があります。中には改葬許可証の提出を求められることもあるので、事前の確認が重要です。

現在のお墓の種類によっても、必要な手続きが変わってきます。株式会社「縁」では、寺院墓地では墓地管理の代表者の承認のみで行いますが、公営墓地では遺骨引渡証明書の取得が必要です。民営墓地では、その墓地の方針に従って行います。

海洋散骨サービスを選ぶ際は、費用やサービス内容を慎重に検討しましょう。漁業者とのトラブルや、厚生労働省のガイドライン違反などの問題を抱える業者も一部あるため、信頼できる業者を選ぶことが重要です。

公営墓地・寺院墓地・民営墓地から散骨

・散骨は、法律上「改葬」とは見なされないため、改葬申請手続きは原則必要なし

・一部の自治体や散骨業者によっては、改葬許可証が必要な場合もあり

海洋散骨の手続きに必要なこと（株式会社「縁」の場合）

・公営墓地：遺骨引渡証明書の取得
・寺院墓地：墓地管理の代表者の承認のみ
・民営墓地：墓地の方針に従って手続き

散骨業者を見極めること!!

・費用やサービス内容はさまざま
・別途オプション料金がかかることも

こういう業者に注意

✕漁業者とトラブルのある業者
✕厚生労働省のガイドラインを守らない業者

承継問題

誰が承継者になるのか？

お墓を受け継ぐ承継者について解説します。

承継者には誰でもなれるが関係者の了承が重要

法律上、お墓は「祭祀財産」と呼ばれ、その継承を「承継」といいます。承継者の指定は現在のお墓の管理者である被相続人が文書や口頭、遺言書で行うことができます。承継者として誰でも指定することができて、親族以外の人にでも可能です。承継者が指定されなかった場合は、家族や親族の話し合いや、地域の慣習などで決めます。ただし、寺院によっては「承継は血縁者でなければならない」といった決まりがあるところもあるので、事前に確認するといいでしょう。将来のトラブルを防ぐためにも、もし家族や親族以外の人にお墓を承継してもらうときは、早めに関係者と話し合い、了解を得ることが重要です。

話し合っても、どうしても承継者が決まらないときは家庭裁判所に調停を申し立てて、審判を仰ぐことになります。

お墓の承継者になったら、まずは最初に墓地の管理者へ連絡を入れなければなりません。そして、墓地を使用し、永代使用権を得るために名義変更手続きが必要になります。手続きの詳細については、92ページで解説します。

祭祀財産の承継

祭祀承継者とは……

祭祀承継者とは、お墓や仏壇などの祭祀財産を管理し、祖先の祭祀を担当していた人が亡くなったとき、その財産と役割を受け継ぐ人のこと。

承継者の選び方

被相続人の遺言で指定

前の祭祀財産の所有者が遺言書によって指定する

文書や口頭で指定

遺言書を用意していなくても、生前のうちに文書や口頭で指定していれば有効

一族や地域の慣習

祭祀承継者が指定されていなかった場合は、一族や地域の慣習、親族の話し合いで決められる

※承継者の指定に、相手の同意は原則、必要ない。親族以外の人や複数人を指定することも可能。

承継者に指定された人は……

承継者になることを基本的には拒否できない

被相続人に承継者と指定された場合、指定された人は基本的に承継者を拒否することができない。

親族の同意なしに祭祀の取りやめが可能

承継者には、すべての決定権がある。そのため、祭祀を主宰しなくても罰せられない。また、家族・親族の判断を仰がずに、祭祀財産を処分して、永代供養墓に移したりすることも、法的に問題ない。

承継問題

承継の手続きと費用

承継者になるための法的な申請は不要ですが、関係者への届け出は必要です。

承継のための手続きで第一は管理者への連絡

お墓の承継は一般的な財産相続とは異なり、各相続人による分配の対象にはならず、お墓を承継しても相続税はかかりません。お墓が「祭祀財産」として特別な扱いを受けているためです。

承継後の最初の手続きは墓地管理者への連絡です。寺院墓地なら住職に、公営墓地や民営墓地なら管理会社に連絡し、名義変更の手続きを行います。役所への届け出は不要ですが、管理者から必要な手続きの説明を受けます（左ページ）。

承継手続きには手数料がかかることがあります。公営墓地では数百円~数千円、寺院墓地では1万円前後、民営墓地では数千円~1万円以上と、幅広い範囲で設定されています。

承継者には、年間管理料の支払いやお墓の手入れなどの義務が生じます。年間管理料は一般的に5000円から2万円程度です。

寺院墓地の場合は、檀家としての役割も引き継ぐことになり、お布施《ふせ》や寺の行事への参加なども求められる可能性があります。お墓の承継には金銭面だけでなく、時間や労力も必要となることを理解しておくことが重要です。

承継の手続き

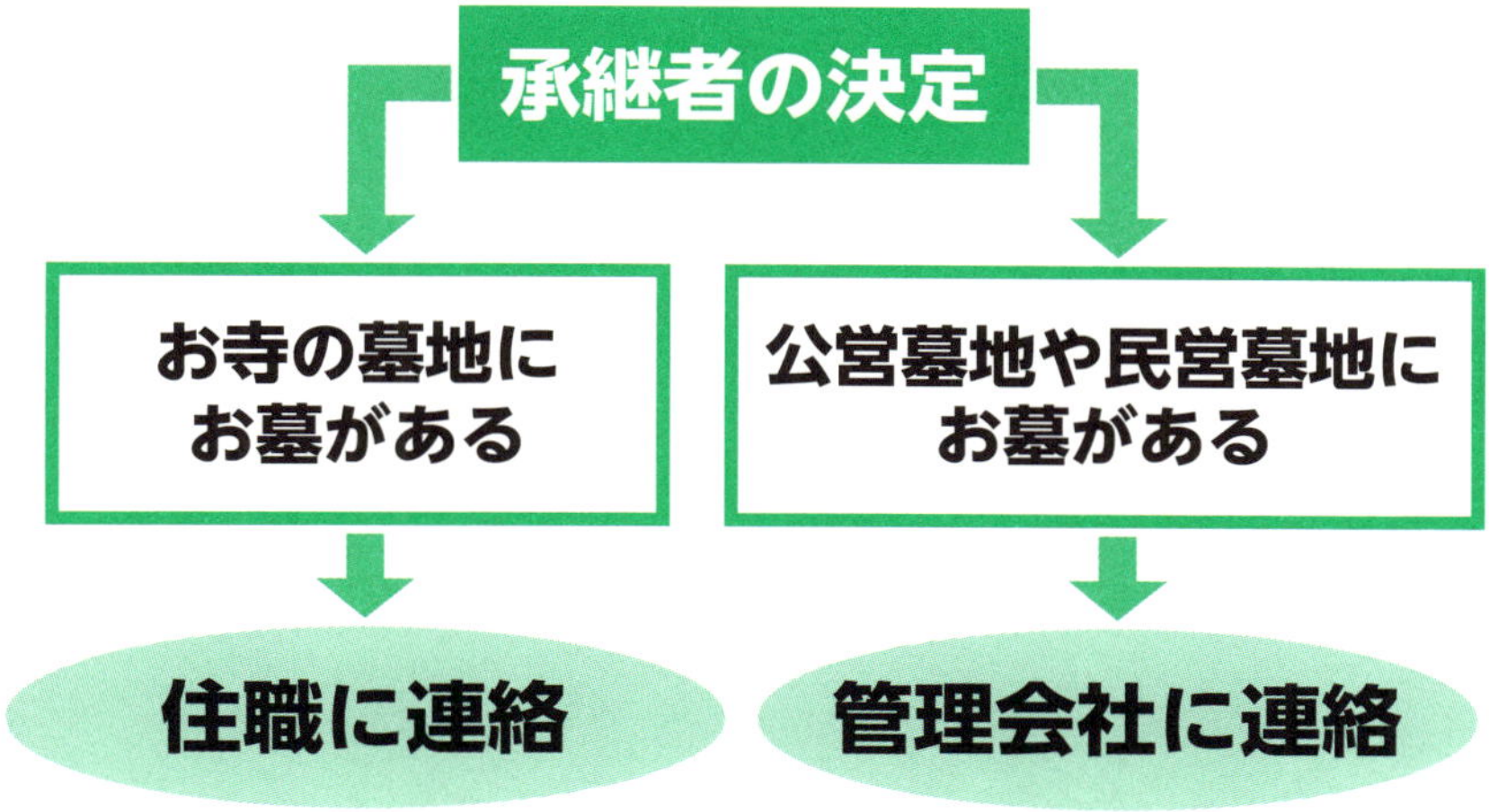

承継手続きに必要な書類

- **名義変更申請書**
  様式は管理者によって異なる
- **墓地使用許可証（永代使用承諾証）**
  墓地を取得したときに発行される書類
- **被相続人の死亡が確認できる戸籍謄本**
  被相続人の死亡が記載されている戸籍
- **承継者の戸籍と住民票**
  戸籍謄本は3カ月以内に発行されたものに限られる場合が多い
- **承継者の実印と印鑑証明書**
  印鑑証明書は3カ月以内に発行されたものに限られる場合が多い
- **誓約書**
  様式は管理者によって異なる
- **承継者であることを証明できる書類**
  承継者を指定した遺言書などが必要になる場合がある

承継問題

承継者の役割

承継者になったら何をすればいいのか、確認していきます。

お墓承継者の主な責任は？
お墓参りから管理料の支払いまで

お墓の承継者になるとさまざまな責任が生じます。単なる墓石の維持管理だけでなく、故人へ敬意を払い、家族・親族の絆を守る大切な役割もあります。具体的には定期的なお墓参りや清掃、年間管理料の支払いがあります。管理料は墓地の共有部分である参道や水道などの維持管理に使われますが、各家族のお墓の手入れは承継者自身が行います。寺院墓地の場合、檀家としての義務も加わります。法要時のお布施や寺院の修繕費用の分担、お盆やお彼岸などの行事参加です。

法要を行うことも、承継者にとって重要な役割です。故人の冥福《めいふく》を祈り、霊を慰《なぐさ》めるために、家族や親族が集まり、僧侶にお経をあげてもらい、お焼香を行う行事です。法要の後、僧侶や親戚を食事に招く行事を法事といいます。

法要には忌日《きじつ》法要と年忌《ねんき》法要があります。亡くなった日から、四十九日まで7日ごとに営むのが本来の忌日法要です。現在では初七日《しょなのか》と四十九日《しじゅうくにち》法要だけが行われます。年忌法要は、故人の命日に行う法要で、一周忌《いっしゅうき》や三回忌《さんかいき》などがあります。近年では簡素化や合同法要の傾向が見られます。

承継者のつとめと主な年忌法要

どんなことをするのか？

・お墓参り
・法要・法事
・お墓とその周辺の掃除
・年間管理料の支払い

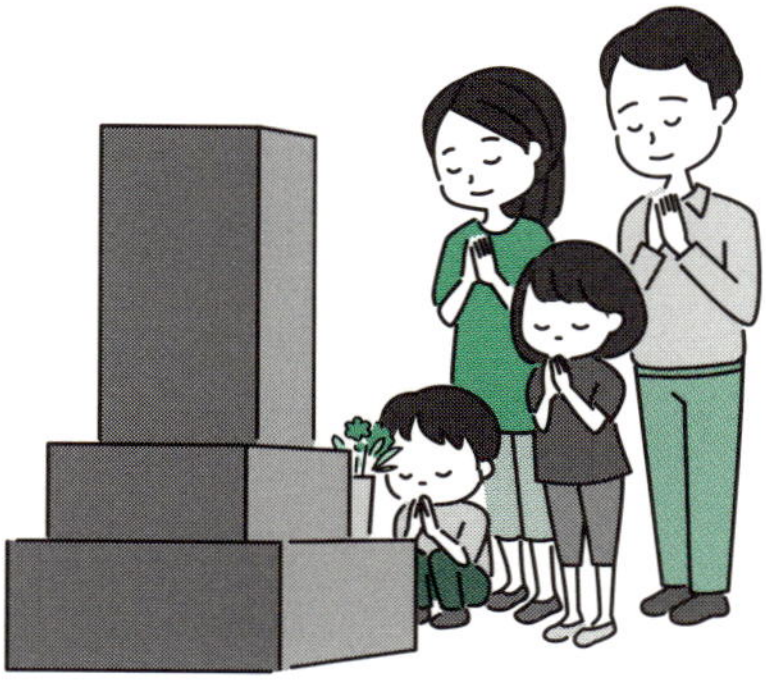

年忌法要の種類とタイミング

名称	年	法要の仕方
一周忌	死後１年目	親族、知人を招いて、お寺や自宅で法要する。会食があるなど比較的盛大
三回忌	死後２年目	法要に招く人の数をしぼる。家族、親族のみで行うことも多い
七回忌	死後６年目	法要に招く人の数をしぼる。家族、親族のみで行うことも多い
十三回忌	死後 12 年目	法要に招く人の数をしぼる。家族、親族のみで行うことも多い
十七回忌	死後 16 年目	法要に招く人の数をしぼる。家族、親族のみで行うことも多い
二十三回忌	死後 22 年目	法要に招く人の数をしぼる。家族、親族のみで行うことも多い
二十七回忌	死後 26 年目	法要に招く人の数をしぼる。家族、親族のみで行うことも多い
三十三回忌	死後 32 年目	最後の年忌法要「弔い上げ」として、比較的盛大に行う

承継問題

無縁墓とは？

無縁墓にならないために、知っておくべきことがあります。

お墓は購入しても撤去されることもある

お墓の承継者がいなくて、年間管理料の支払いを怠ると、そのお墓は「無縁墓」とされる可能性があります。無縁墓にしたくないという理由から、墓じまいを決断するケースが増えています。

無縁墓とは、管理する人がいなくて放置され、年間管理費の未払いの状態が続き、墓地の管理者によって撤去される可能性があるお墓のことをいいます。

お墓を購入したのに、勝手に撤去されるはずがないと考えがちですが、実際には「お墓の購入」とは、お墓が建つ土地の「永代使用権」を取得しただけのことです。「永代使用料」を払って使う権利は持っていても、お墓の土地自体は依然として墓地の管理者のものであり、私たちはその土地を借りてお墓を建てていることになります（永代使用については48ページ参照）。

ですから、たとえ外見上は荒れ果てているように見えるお墓でも、年間管理料が支払われていれば無縁墓にはなりません。

このため、見た目だけで無縁墓かどうかを判断するのは難しいのです。

こうすると無縁墓になる

年間管理料を滞納する → 無縁墓になる ← 承継者がいない

※撤去される可能性も

「お墓を買う」＝ お寺や霊園の土地の使用権を買って土地を借りること

永代使用権

荒れ果てていても年間管理料を支払っていれば無縁墓ではない！

承継問題

都市と地方で異なる無縁墓問題

無縁墓が都市部と地方で大きく異なる現状をご紹介します。

都市部では再販売、地方では放置の傾向

無縁墓の問題は、都市部と地方で異なる様相を呈しています。無縁墓と認定されると永代使用権がはく奪され、墓地管理者に撤去の権限が与えられます。

都市部では土地の価値が高いため、無縁墓を撤去してさら地にし、再販売することが経済的に有利です。一方、地方では無縁墓がそのまま放置されるケースが多く見られます。

この違いには、コストの問題があります。お墓の撤去には多額の費用がかかり、墓地管理者の負担となります。さらに合葬墓への改葬にも費用がかかります。

地方では、これらのコストを負担しても土地の再販売が難しく、費用に見合わないケースが多いのです。そのため、多くの無縁墓が放置され、荒れ果てていく傾向にあります。

この状況は、単なる景観の問題だけでなく、墓地の効率的な利用や文化的価値の保存といった観点からも社会問題となっています。無縁墓の増加は、現代社会における家族構造の変化や価値観の多様化を反映した課題です。

無縁墓になってしまったその後

永代使用権がはく奪される

↓

管理者がお墓を撤去

・撤去費用の負担
・遺骨を合葬墓に改葬する費用

コストがかかる

都市部	地方
墓地が不足	墓地があふれている
↓	↓
価格が高くても買い手がつきやすい	墓を撤去して土地を再販しても、買い手がつかない
↓	↓
無縁墓ができにくい	荒れた無縁墓が増加

自分のお墓

自分らしいお墓選びとは？

お墓選びでは場所よりも大切なことがあります。

「生きた証」を残すか否か形にこだわらない新しい選択肢

墓じまいをするとき、一緒に考えておきたいことが、「自分のお墓」をどうするかです。お墓の選び方を考える際、「どこに建てるか」を最初に考えがちですが、それは本質的な問題ではありません。むしろ、自分の人生観や死生観を反映させることとして捉えるべきです。

お墓選びでは、「生きた証を残すかどうか」を考えてみてはどうでしょうか。従来のお墓や仏壇のような形として残すのか、それとも樹木葬や散骨のように、墓石などを使わずに自然に還るような方法を選ぶのか。そして、誰と一緒のお墓に入るのか、夫婦だけのお墓、家族だけのお墓、自分だけのお墓なのか。

墓じまいであれば、亡くなったときの自分の遺骨をどこに入れるのか入れないのか、遺族にどのような供養をしてほしいか考えておくことも大切です。

今まで見てきたようにお墓や供養方法にはさまざまな選択肢が生まれてきました。お墓選びが、単なる場所の選択ではなく、自分の生き方や死に方を考える貴重な機会になってきています。

墓じまいをしたら、自分はどうする？

誰と入るか？

ご先祖や家族と

夫婦で

一人で

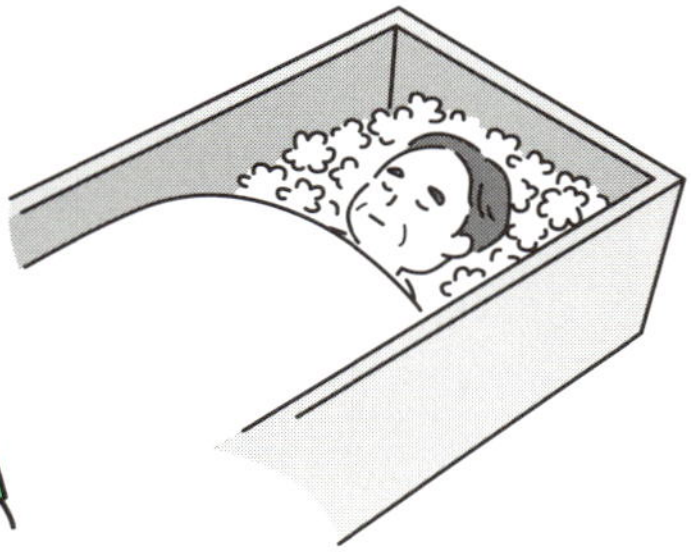

どんな供養を望むか？

お彼岸や命日のお墓参り

日々の中で偲んでほしい

第4章

墓じまいQ&A

ここまで、墓じまいの方法や新たな供養先、
よく見られる墓じまいのパターンなどについて、
見てきました。
この章では、お墓や墓じまいに関して
実際に生じることがある、
さまざまなお悩みに答えていきます。

Q01

公営墓地に入るには資格が必要というのは本当ですか？

A はい、本当です。各自治体が定めている資格が必要です。

公営墓地のメリットは、自治体が管理・運営しているため、永続性や公共性があり、民営墓地と比べて、年間管理料も安価。その人気ゆえに、入手するのは簡単ではありません。空きが少なくて、募集は公募形式で通常年に一度だけの実施。墓地によっては実施されない年もあります。競争率の高さも注目すべき点で、人気のある墓地では、20倍近くの高倍率になることも珍しくありません。

申し込むためには資格が必要になります。申込者の一定期間の居住実績、親族による承継など、各自治体によってさまざまな条件があるので、自治体の広報紙やウェブサイトをチェックし、最新情報を把握しておくことが必要です。

このように、公営墓地を確保することは非常に困難です。結果として、寺院墓地や民営墓地の永代供養墓を選択する人も少なくありません。

公営墓地の選択を考える際は、これらの特徴や資格を十分に理解することが大切です。

都立霊園の申し込み資格

・申込者が東京都（八柱霊園の場合、千葉県松戸市を含む）に５年以上継続して住んでいること
・現在守っている「親族の遺骨」があること
・遺骨に対して、「祭祀の主宰者」であること（以下のいずれかを行った者）
①葬儀の喪主を務めた　②法事の施主を務めた
③役所に死亡届を提出した　④火葬の申請をした

都立霊園の募集の流れ

1. 募集の発表　例年、東京都の発表後に、公式サイトに掲載。
2. 申し込み　①インターネットでの申し込み、②申込書の郵送。
3. 抽選　抽選会を実施。抽選結果は、順次公式サイトに掲載。
4. 書類審査　必要書類を提出し、当選者の申込資格の確認をするための審査を行う。
5. 支払い　使用料と管理料を期限までに支払う。
6. 使用許可証の交付　入金確認後、使用許可証が交付される。

都営墓地の一般埋蔵施設の使用料と年間管理料

霊園名	区画面積（㎡）	使用料	年間管理料
多磨霊園	1.75～2.00	161万3,500～184万4,000円	1,500円
小平霊園	1.85～1.95	156万1,400～164万5,800円	1,500円
八柱霊園	1.50～1.95	30万7,500～39万9,750円	1,500円
青山霊園	1.60～1.95	475万2,000～579万1,500円	1,500円
谷中霊園	1.60～1.65	281万7,600～290万5,650円	1,500円
染井霊園	1.50～2.00	243万4,500～324万6,000円	1,500円
雑司ケ谷霊園	1.55～1.65	313万8,750～334万1,250円	1,500円

「令和６年度　東京都立霊園使用者の募集　申込みのしおり」より

Q02

独り身ですが、死後、散骨をしてもらうことは可能ですか？

A 可能です。まずは近くの法律家に相談を。

現代社会において、生涯を独身で過ごす「おひとりさま」の増加に伴い、終活や死後の対応が新たな課題として浮上しています。この問題に対して、さまざまな解決策が提案されており、その中心となるのが「死後事務委任契約」です。

この契約は、生前に第三者と取り交わすことで、自身の死後に必要な手続きや対応を委託できるものです。具体的には、遺体の引き取りから葬儀、火葬、埋葬、さらには各種の事務手続きや財産の処分まで、幅広い業務を含みます。最近では、散骨のような新しい形の供養も、この契約に含めることができます。

契約の相手としては、弁護士や司法書士、行政書士などの専門家が一般的ですが、最近ではNPO法人や市民団体など、より身近な組織がこのサービスを提供するケースも増えています。これらの団体は、専門家とは異なる視点やアプローチで、きめ細やかなサポートを提供することもあります。

また、地方自治体も「おひとりさま」の終活支援に乗り出しています。多くの自治体がすでに実施している一人暮らしの高齢者向けの安否確認サービスに加え、葬儀や死後事務のサポート事業を開始する自治体も現れています。ただし、現状では自治体の役割は主に民間の葬儀社の仲介や、契約内容の履行監視に留まっています。

自治体のサービスには、民業圧迫の懸念や、現役世代の「おひとりさま」への対応の不足など、いくつかの課題があります。しかし、将来的にサービスが拡充される可能性もあるため、居住地の自治体のサービス内容を把握しておくことは有益です。

現実的なアプローチとしては、利用可能な行政サービスを活用しつつ、不足する部分を民間のサービスで補完する方法が考えられます。この組み合わせにより、より包括的で個々のニーズに合った終活プランを立てることができるでしょう。

「おひとりさま」の終活は、単に死後の事務処理だけでなく、自分らしい人生の締めくくり方を考える機会でもあります。社会の変化に伴い、これらのサービスや選択肢はさらに多様化していくことが予想されます。自分に合った方法を見つけ、安心して人生の最期を迎えられるよう、早めの準備と情報収集を心がけることが大切です。

Q03 夫のお墓には入らずに実家のお墓に入ることはできますか？

A 入れますが、早めの根回しが必要です。

現代社会では、家族の形が多様化し、従来の慣習にとらわれないお墓の選択が注目されています。特に結婚して姓が変わった女性の中には、夫の家のお墓に入ることに抵抗を感じる人も少なくありません。

実は、姓が変わっても実家のお墓に入ることは可能です。ただし、実家の菩提寺《ぼだいじ》やお墓の承継者の同意が必要です。また、墓地の規約や宗派によっては制限がある場合もあるため、事前に十分な確認と話し合いが重要です。

しかし、この選択をする際には、夫や子ども、そして夫の家族との慎重な話し合いが不可欠です。家族の理解と同意なしには、将来的なトラブルを招く可能性があります。特に、伝統的な価値観を持つ親族への説明と説得は、丁寧に行う必要があるでしょう。

別の選択肢として、夫婦だけの「夫婦墓」（52ページ）を建てる方法もあります。これは、両家のお墓とは独立した形で、夫婦二人のための墓を用意するものです。子どもがいる場合は、将来的な選択を子世代に委ねることができます。

また、両家のお墓を一つにまとめる「両家墓《りょうけぼ》」（53ページ）という方法もあります。ただし、宗教や宗派の違い、お墓の場所によっては実現が難しい場合もあります。

さらに、遺骨を分けて両方のお墓に入る「分骨」（70ページ）という選択肢もあります。この場合は、火葬場での分骨証明書の発行を忘れないようにしましょう。

どの方法を選択する場合でも、関係するすべての人々の理解と同意を得ることが重要です。特に夫側の家族との調整には十分な配慮が必要です。

これらの選択肢は、従来の慣習にとらわれず、個人の意思を尊重した新しい形の供養方法といえます。しかし同時に、家族や親族との関係性にも配慮しながら決定することが大切です。

最終的には、自分自身の希望と家族の思いのバランスを取りながら、慎重に検討し決定することが望ましいでしょう。そうすることで、自分らしい最期の住処を選びつつ、家族の絆も大切にすることができるはずです。

Q04

パートナーとは事実婚です。将来的にパートナーのお墓に入れますか？

A 墓地の許可と親族の理解が必要です。

法律上、お墓に入れる人の範囲に厳密な制限はありませんが、実際には墓地の規約によって制限される場合があります。特に、血縁関係のない内縁のパートナーなどを同じお墓に入れることは、しばしば難しい状況を招きます。

お墓の承継者が持つ権利は「使用権」であり、土地の「所有権」は墓地管理者にあります。そのため、血縁者以外の人をお墓に入れることは、規約上認められないケースが多いのです。

しかし、厚生労働省の指針では、納骨できる対象者を「使用者の親族及び縁故者」とし、その範囲を著しく制限することは不適切としています。これは、内縁関係などの特別な事情がある場合、柔軟な対応の可能性を示唆しています。

このような状況下で、非血縁者との共同埋葬を希望する場合は、墓地管理者や承継者との丁寧な対話が不可欠です。社会の変化に伴い、今後はより柔軟な対応が求められるかもしれません。

Q05

最近「墓友」という言葉をよく聞きます。友人と一緒にお墓に入れるのでしょうか？

A 共同墓地に各自が申し込めば可能です。

「墓友《はかとも》」という概念は、現代社会の変化を反映した新しい供養の形として注目を集めています。この言葉は、メディアが取り上げたり、ドラマの題材となったりしたことで知られるようになりました。

墓友とは、血縁関係がなくても、死後も同じお墓で眠ることを前提とした友人関係を指します。共通の価値観や絆を持つ人々が選択する新しい供養方法といえるでしょう。

最近では、宗教団体や企業、NPO法人などが運営する共同墓地に、友人同士で申し込むケースが増えています。これは、家族構成の変化や個人の価値観の多様化に対応した選択肢として受け入れられつつあります。

墓友の概念は、今後さらに発展し、友人同士で同じ墓を購入し、ともに埋葬されるといった形態も生まれる可能性があります。このような変化は、従来の墓地や供養の概念を大きく変える可能性を秘めています。

Q06

ペットの犬が高齢になりお墓が心配です。ペットと一緒のお墓に入れますか？

A 数は少ないが、一緒に入れるお墓もあります。

ペットを家族の一員として大切に思う人が増えている現代社会において、ペットと一緒に眠りたいという願いは自然な感情です。しかし、この願いを実現するには、いくつかの課題があります。

多くの墓地、特に寺院墓地や公営墓地では、人間以外の遺骨を納めることに対して制限があります。これは法律で禁止されているわけではありません。各墓地の使用規則によるものです。そのため、ペットと一緒に埋葬を希望する場合は、まず墓地管理者に確認することが大切です。

一方で、ペットとの合同埋葬に対応している民営墓地は徐々に増えてきています。これらの墓地は主に、人とペットが同じ区画に埋葬できるタイプと、園内の専用区域にペットを埋葬できるタイプに分かれます。ただし、このようなサービスを提供している墓地は主に都市部に限られており、価格も比較的高めです。

ペットとの合同埋葬を希望する場合は、単に「ペット可」という表示だけでなく、具体的な条件を確認することが重要です。例えば、ペットだけを先に納骨できない墓地もあるため、飼い主が亡くなるまでペットの遺骨を保管する必要が出てくる場合もあります。

また、個人で管理しているみなし墓地（墓地埋葬法以前からある古い墓地で、認可を得た墓地）など、使用規則が比較的緩やかな墓地を探すのも一つの選択肢です。これらの墓地では、ペットの埋葬が可能な場合があります。

従来は、ペット専用の霊園を利用するケースが多く見られました。ペット霊園では、火葬後の遺骨を個別のお墓や合葬墓に納めて供養します。また、遺骨のすべてまたは一部を持ち帰り、自宅で供養する「手元供養」という方法を選ぶ人もいます。

自宅の敷地内にペットを埋葬することも、一戸建ての場合は法的には問題ありません。ただし、周囲への配慮は必要です。

ペットとの最期の別れ方は、それぞれの家族の事情や思いによって異なります。大切なのは、ペットに愛情と尊厳を持って接し、亡くなった後も心を込めて供養することです。ペットと人間がともに眠る選択肢が増えつつある現在、自分たちにとって最適な方法を見つけることができるでしょう。

Q07

遺骨を預けていた納骨堂が破産しました。遺骨はどうなってしまうのでしょうか？

A 引き継ぎ先がない場合は速やかに引き取ります。

数年前に、ある地方都市の宗教法人が破産して、経営していた納骨堂が突然閉鎖、競売にかけられるという事件が起きました。ロッカータイプの納骨堂ですが、開業当初から赤字経営だったということです。こうした納骨堂に限らず、民営墓地や寺院墓地が破綻する例は珍しくありません。少子高齢化で家族の数が減り、樹木葬や散骨など、他の供養法の登場が背景にあると考えられています。

納骨堂や墓地が破綻した場合、主に2つの対応が考えられます。一つは、新たな運営団体による事業継承、もう一つは遺族への遺骨引き取り要請です。新たな運営団体が見つかれば、そのまま維持される可能性が高いですが、見つからない場合は、遺骨の引き取りを依頼されます。専門家の意見も聞きながら、速やかに引き取ることをおすすめします。

納骨堂や墓地を選ぶ際は、運営団体の財務状況や事業継続性を慎重に確認することが重要です。

Q08 先祖代々のお墓の傷みが気になります。古いお墓はどうすればいいですか？

A 墓石を発注した石材店に相談しましょう。

屋外に設置されたお墓は、常に自然環境にさらされているため、定期的な点検と適切な管理が欠かせません。

特に墓石のひび割れや傾きは、見た目の問題だけでなく安全性にも関わります。ひび割れを放置すると水が浸透し、凍結と融解を繰り返してさらなる損傷を引き起こす可能性があります。地震の際には墓石の倒壊リスクも高まります。

これらの問題は、墓石を購入した石材店に相談すれば、適切な対策を提案してくれるでしょう。軽微な損傷であれば、比較的簡単な補修で対応できることがあります。

また、お墓の美観を保つためのクリーニングや、耐震工事なども検討する場合は、大規模な修復で相応の費用がかかる可能性もあります。

定期的なお墓参りが難しい場合には、お墓の掃除や植木の手入れを代行するサービスの利用をおすすめします。

Q09 要求されたお布施の金額に驚きました。お坊さんが信用できないのですが……。

A たしかに一部のお坊さんには強欲な人もいて残念です。

墓じまいを選ばれる理由はいろいろとありますが、中にはお寺から高額なお布施を要求されたことなどでお寺への不信感が募り、お寺との関係を維持することが嫌になって墓じまいを考えるようになった人もいます。

お寺への不信感の主な原因は、お金に関する問題です。少子化が進む現代では、葬儀の経験が少ない人が多く、初めて菩提寺の住職と接する機会が葬儀のときというケースも珍しくありません。

そのような状況下で、予想外の高額な請求や、不適切な対応に遭遇し、不信感を抱くことがあるようです。

例えば、ある人は母親の葬儀の際に80万円ものお布施を請求され、さらにそれだけの大金を「はい、どうも」と受け取り、目の前で無作法に紙幣を数え始めた住職の無神経な言動に傷つけられたそうです。また別の人は、お寺側の巧妙な言い回しにより、予想以上の金額を支払うことになったという体験をされています。「お通夜のお布施は1人15万円ね」と言われたので15万円を用意していたら、お通夜に現住職と跡継ぎの息子がやってきて「2人で来たのだから30万円ですよ」と言われたのです。

このようなことは、決してすべてのお寺や住職に当てはまるものではありません。多くの素晴らしい住職の方々がいらっしゃることも事実です。しかし、一部の残念な対応が、人々のお寺全体に対する信頼を揺るがしてしまうことがあるのです。

このような問題は、宗教法人の一部に見られる不透明な会計処理や、寄付の強要といった社会問題とも関連しています。お寺の経営難や後継者不足も背景にあり、信仰と経済の両立の難しさが浮き彫りになっています。

墓じまいを考える人たちの中には、このようなお寺への不信感が積み重なった結果、決断に至る人も少なくありません。しかし、墓じまいは単なるお墓の撤去ではなく、先祖との関係性や家族の在り方を見つめ直す機会でもあります。

お寺とのトラブルに遭遇した際は、冷静に対話を試みることが大切です。また、必要に応じて専門家に相談することも一つの選択肢です。墓じまいを決断する前に、自分自身や家族にとって最善の選択は何かを、じっくりと考えることが重要です。

Q10 戒名料の金額が想像以上に高くて、指3本を示されて3万円かと思ったら……。

A 葬儀のお布施とは別に高額な戒名料を要求されることがあるので注意してください。

お墓の戒名《かいみょう》料の不透明さが、遺族を悩ませているケースもあります。ランク制や曖昧な料金設定など、問題は多岐にわたります。本来の供養の意味を見直し、現代に即した新たな形を模索する時期に来ています。

戒名とは、故人に授けられる来世での名前であり、お墓や位牌に刻まれる大切なものです。通常、お坊さんによって付けられますが、その際に戒名料という費用が発生します。この戒名料の設定は非常に曖昧で、お寺や宗派によって大きく異なり、多くの場合はお寺側の裁量で決められています。

さらに複雑なのが、戒名にはランク制度が存在することです。例えば、男性の場合「〇〇大居《だいこ》士《じ》」「△△居士《こじ》」「××信士《しんし》」といった具合に格付けされ、そのランクによって料金が変動します。最低ランクでも10万円から30万円程度、高ランクになると１００万円を超えることもあるといわれています。

このような不透明な料金体系は、しばしば遺族を困惑させる原因となっています。お寺側が暗号のような説明方法で戒名料を提示し、遺族が意図せず高額な料金を支払うことになってしまったというケースもあります。例えば、お坊さんが「○○居士はこれだけです」と指を3本立てたので「あぁ、3万円もするのか」と思っていたら30万円を要求されたケースなどです。

また、戒名料以外にも、月命日《つきめいにち》ごとの付け届けを求められたり、支払いが滞ると墓石に嫌がらせの張り紙をされたりするなど、遺族を精神的に追い詰めるような行為を行うお寺もあるようです。

こうした状況は、本来あるべきお寺と檀家の関係性を歪めてしまう恐れがあります。この問題は、日本の少子高齢化や核家族化とも深く関連しています。檀家制度の衰退や、宗教離れが進む中、寺院の経営難も深刻化しています。そのため、戒名料に頼らざるを得ない寺院も増えているのが現状です。

これらの問題に対処するためには、まず遺族側が事前に戒名や供養に関する知識を持つことが重要です。また、お寺側も料金体系を明確にし、遺族の状況に配慮した対応を心がけることが求められます。

さらに、社会全体として葬儀や供養の在り方を見直し、現代のニーズに合った新しい形を模索していくことも必要かもしれません。例えば、戒名を必要としない新しい供養の形や、透明性の高い料金システムの導入などが考えられます。

大切なのは、故人を敬い、遺族の心に寄り添うという本来の目的を忘れないことです。お寺と檀家が互いの立場を理解し、信頼関係を築いていくことで、よりよい供養の方法を見出せるのではないでしょうか。

第5章 仏壇じまい

近年の少子高齢化や核家族によって、
お墓を処分する墓じまいの他に、仏壇を処分する
「仏壇じまい」も見られるようになりました。
承継者がいないことから行われることも多いですが、
家の中のスペースの問題や仏壇の買い替え、
引っ越しを理由に、仏壇じまいが行われるケースもあるようです。

仏壇じまいとは？

仏壇を処分する「仏壇じまい」にはメリットとデメリットがあり、慎重な検討が必要です。

仏壇を処分する意味と背景

仏壇じまいとは、先祖代々受け継がれてきた仏壇を処分することをいいます。

近年、少子高齢化や核家族化により、お墓と同じく、仏壇を引き継ぐ者がいないケースが増えています。その結果、仏壇が放置されてしまうという問題が生じています。そこで、自ら仏壇じまいを行うことで、先祖の霊を適切に供養し、守ることができるのです。

仏壇じまいのメリットの一つは、スペースの有効活用ができることです。仏壇は大きな空間を占めることが多いため、仏壇じまいをすることで部屋を広く使えるようになります。

一方で、デメリットとしては、閉眼供養や処分にお金がかかることが挙げられます。また、仏壇じまいをめぐって親族間のトラブルに発展する可能性もあります。

仏壇じまいは簡単な作業ではありませんが、先祖の霊を大切にしながら、現代のライフスタイルに合わせた供養方法を選択することが重要です。仏壇じまいを検討する際は、家族や親族と話し合い、納得のいく方法を見つけることが大切です。

仏壇じまいのメリットとデメリット

メリット

- 承継者が必要なくなる
- 仏壇を維持する負担がない
- スペースの有効活用ができる
- 承継者がいなくなっても、放置したまま破棄される心配がない

(＝先祖の霊を適切に供養し、守れる)

デメリット

- 閉眼供養や処分に費用がかかる
- 宗教や宗派に即した処分方法がある
- 相談なしで処分すると、家族や親族間のトラブルに発展する可能性がある
- 自治体によって処理方法が異なる場合があるので確認が必要
- 後悔しても取り返しがつかない

仏壇じまいをする際は…

家族や親族でよく話し合い、ライフスタイルに合わせた供養方法を選択することが大切

仏壇を知る

仏壇は家の中の小さな寺院であり、本尊や位牌、仏具を安置し、ご先祖さまを供養する場所です。

家の中のお寺であり、ご先祖さまの家のような存在

仏壇とは、仏像や掛け軸、祖先の位牌《いはい》などを安置した家屋内の厨子《ずし》のことです。

家庭にある仏壇は、各家庭内で礼拝・供養を行うことができるため、「家の中の小さな寺院」ともいえます。また、ご先祖さまを供養できる、ご先祖さまの家のような存在でもあります。

仏壇は、仏壇本体、本尊《ほんぞん》、位牌、仏具などで構成されます。

本尊とは、仏教寺院や仏壇において信仰対象物となる仏像や掛け軸のことで、家庭の仏壇では中央に祀ります。

位牌は、故人の霊魂が宿る場所であり、亡くなった人の象徴となるものです。

仏具は、本尊や位牌とともに仏壇を完成させるために必要不可欠なものです。基本的な仏具は、香炉《こうろ》・花立《はなたて》・燭台《しょくだい》の三具足《みつぐそく》で、中央に香炉、右側に燭台、左側に花立を置きます。また、五具足《ごぐそく》は、中央に香炉、その両脇に燭台、さらにその両脇に花立を飾ります。

このほか、仏飯器《ぶっぱんき》、茶湯器《ちゃとうき》、高坏《たかつき》、鈴《りん》や木魚《もくぎょ》、過去帳《かこちょう》なども仏具の一つとされています。

仏具の飾り方（例）

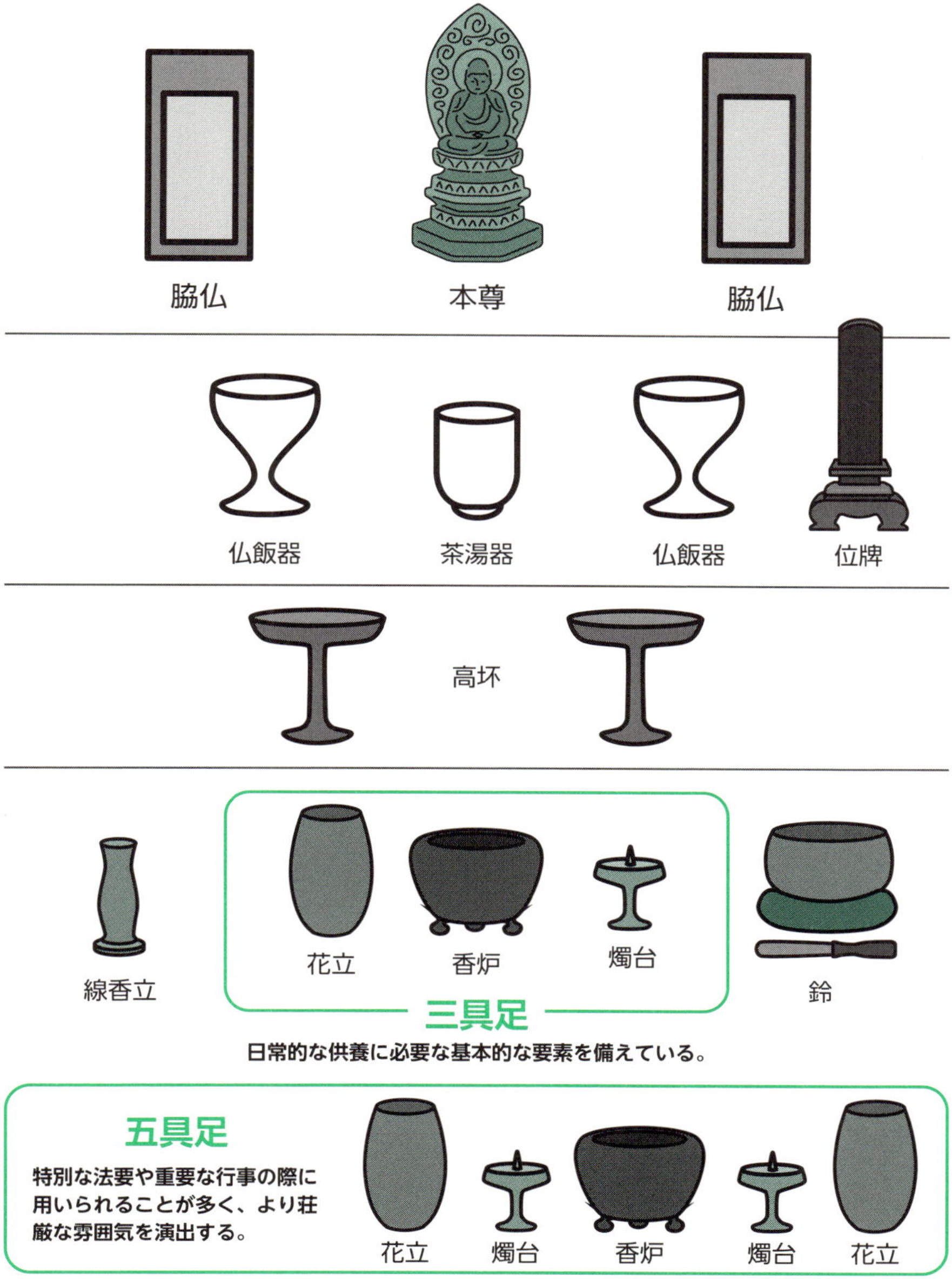

※仏壇の飾りは宗派やお寺、地域により異なる。仏壇のサイズやデザインによっても内部の空間が変わり、仏具の数も変わる。

仏壇じまいのタイミング

承継者不在、遺品整理、買い替え、引っ越しなどの理由で、仏壇じまいは行われます。

一番多いケースは承継者がいなくなるとき

仏壇じまいのタイミングは、さまざまな状況で訪れます。

最も多いのは、後を継ぐ者がいないため、墓じまいをした流れで、仏壇じまいを行うケースです。お墓を処分した後、仏壇を維持していく人がいない場合、仏壇じまいを検討せざるを得ません。

次に、配偶者の実家の遺品整理の際に、すでに仏壇があるため故人の仏壇は引き継げないという理由から仏壇じまいをする人もいます。遺品整理は故人の思い出の品々を整理する大切な作業ですが、仏壇を引き継ぐスペースがない場合は、仏壇じまいを選択することになります。

また、仏壇を買い替えるために古い仏壇をしまうこともあります。新しい仏壇に替える際、古い仏壇を処分する必要が出てきます。この場合、古い仏壇の処分方法を考えなければなりません。

さらに、引っ越しや建物の解体などに伴って、引き継ぐことができず、仏壇じまいをする場合もあります。新しい住まいに仏壇を置くスペースがない、または建物の解体に伴って仏壇を処分しなければならないといった状況です。

こんなときに、仏壇じまいを考える

お墓を処分して、仏壇を維持していく人がいない場合。

遺品整理の際、すでに仏壇があり、故人の仏壇を引き継ぐスペースがない場合。

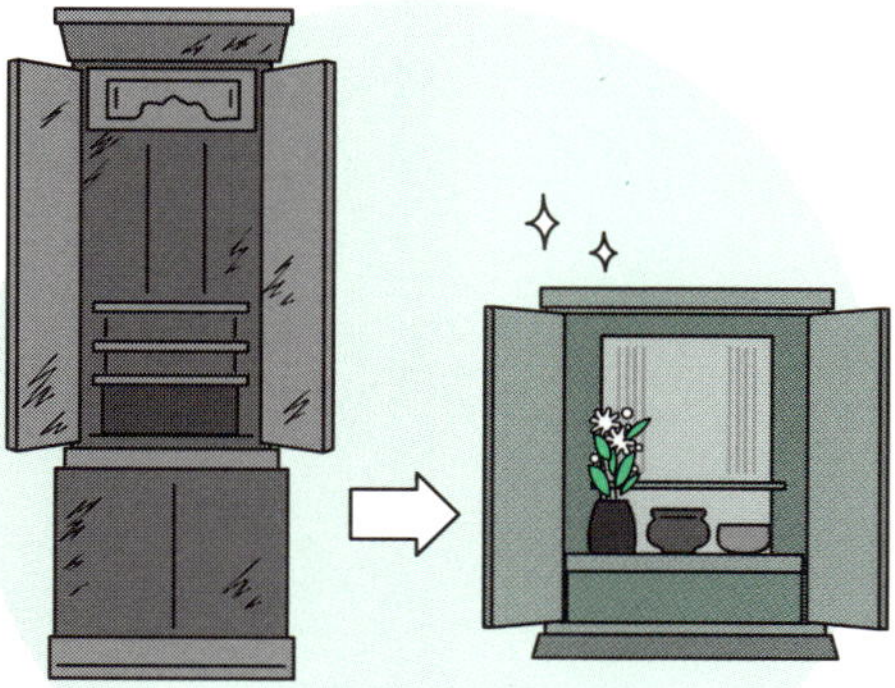

新しい仏壇に買い替えるため、古い仏壇を処分する必要がある場合。

引っ越しや建物の解体などに伴い、仏壇を引き継ぐことができない場合。

仏壇じまいで注意すること

仏壇じまいは家族や親族と相談し、宗教的手順を踏まえ、敬意を持って行いましょう。

仏壇じまいの準備と心構え 故人を敬う心を忘れずに

墓じまいと同様に、家族や親族と相談し、仏壇を処分してもよいかきちんと確認することが大切です。その際、仏壇の由来や、菩提寺や宗派も確認しておくといいでしょう。

家族や親族の同意が得られたら、これも墓じまいと同じく、菩提寺のお坊さんにお願いして、仏壇の「閉眼供養」（御魂抜き）を行ってから処分するのが一般的なケースです。中にある位牌は別の仏壇か棚などに移して祀ります。または一緒に処分する方法もあります。

他のケースを見てみましょう。すでに自宅に仏壇があって、配偶者の実家の仏壇も引き継ぐことになった場合です。2つ置ける場所があるなら運び込んで並べても問題ありません。ただし、向かい合わせにして並べないこと。参拝者が拝んだとき、仏壇にお尻を向けることになるからです。

場所がなければ、仏壇を1つにまとめることもできます。使って残すほうの仏壇に、位牌だけを移し、使わなくなった仏壇は、閉眼供養をしたのち、処分します。宗派が違う仏壇の場合は、どちらを残すか親族で話し合って決めましょう。

仏壇じまいのポイント

仏壇を処分する際は、親族と相談し確認する。

仏壇を処分する前に、「閉眼供養」を行う。一般的には、菩提寺の僧侶に依頼して行う。

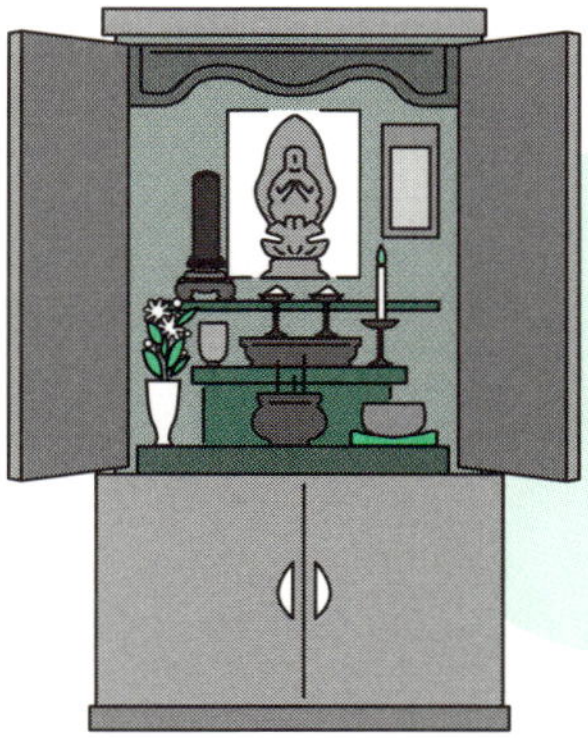

仏壇の由来、宗派、菩提寺を確認する。

仏壇が 2 つになったらどうする？

2 つ並べて置く

場所があれば、2 つの仏壇を並べて置くことも可能。ただし、向かい合わせで置かないこと。

1 つにまとめる

同じ宗派の仏壇

位牌は残して使うほうの仏壇に移し、使わなくなった仏壇を処分する。

違う宗派の仏壇

どちらの宗派の仏壇を残すか、親族で話し合い、残すほうに位牌を移して、使わなくなった仏壇を処分する。

閉眼供養

仏壇を処分する前に行われる「閉眼供養」のポイントを説明します。

仏壇から故人の魂を送り出す僧侶にお経をあげてもらう儀式

仏壇じまいを行う際、「閉眼供養」（御魂抜き）を行います。閉眼供養とは、仏壇を処分する前に、仏壇から故人の魂を送り出す儀式のことです。まず菩提寺に依頼し、供養する日時を決めて、僧侶に自宅まで来てもらい、仏壇の前でお経をあげてもらうことが一般的です。

しかし、菩提寺が遠方にあって僧侶を呼べない場合は、菩提寺に相談して、近所にある同じ宗派の僧侶を紹介してもらいましょう。菩提寺がない場合は、僧侶の派遣サービスを行う業者や、宗派に関係なく供養してくれる寺院などに連絡して、僧侶を招くことができます。

供養に使う道具類は、鈴《りん》、磬子《きんす》、木魚、香炉、燭台、花瓶、お供え物、線香、ロウソク、お花、数珠、経机《きょうづくえ》、座布団などです。ただし、宗教・宗派や地域によっても異なるため、確認が必要です。僧侶にはお布施を渡す必要があります。白黒の水引きが印刷された袋か、白無地の封筒に入れ、表書きは「御布施」と記入しましょう。

供養に参列するときの服装は、礼服や控えめな色合いの平服を着用するのが適切です。

閉眼供養を行うには？

菩提寺に依頼する

通常は菩提寺に依頼し、お坊さんに家まで来てもらい、仏壇の前でお経をあげてもらう。

僧侶派遣サービスにお願いする

僧侶派遣サービスを利用してお坊さんを紹介してもらうこともできる。

用意するもの

礼服や控えめな平服を着用する。

お布施は、白黒の水引き印刷の袋か白無地の封筒に入れ、表書きは「御布施」と記入する。

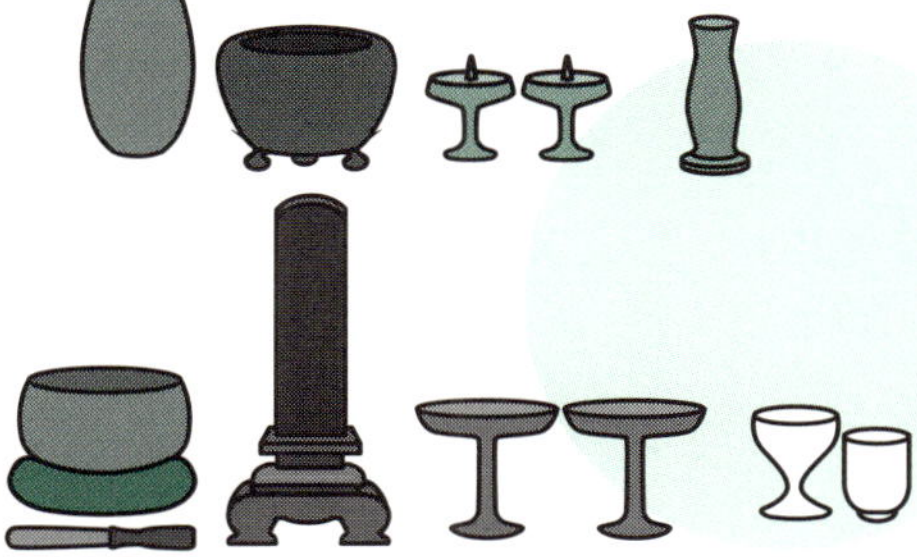

仏具や供物（鈴、磬子、木魚、香炉、燭台、花瓶、お供え物、線香、ロウソク、お花、数珠、座布団など）を用意する。

仏壇じまいの費用

仏壇じまいの費用は依頼先で異なります。

先祖への感謝を込めて依頼先を選ぶポイント

仏壇じまいの方法と費用は、依頼する先によって大きく異なります。まずは、これまでお世話になってきた菩提寺に供養を依頼する場合、費用は1万円程度から数十万円までと幅があります。これの費用には、僧侶の読経料や仏具の供養料が含まれます。寺院によっては、仏壇じまいを菩提寺からの離檀ととらえ、離檀料の意味合いも込めて数十万円になることもあります。その他に菩提寺とは関係なく、僧侶を派遣するサービスがあり、数万円から利用できます。自宅に足を運んでもらう場合は、交通費としてお車代を5千円程度、お布施とは別の封筒に包んで当日渡します。お布施の金額は、寺院や地域によって違いがあるので、事前に相場を調べておくと安心です。

次に、仏壇の処分費用についてです。以前は、菩提寺が檀家の仏壇を引き取って、「お焚《た》き上げ」(境内で遺品や仏具などを燃やして供養する儀式)をするのが当たり前でしたが、今では行うところが少なくなりました。最も利用の多い仏具店に引き取りをお願いする場合、2万円から8万円程度で対応してくれます。仏具店では、僧侶を手配して閉眼供養を行い、その後、仏壇を引き取って処分までしてくれるサービスがあるため、手間がかかりません。仏具店に依頼する場合、仏壇の大きさや材質、装飾の程度によって費用が変わることもあるため、事前に詳細を確認しましょう。

また、仏壇を自治体で粗大ゴミとして処分する方法もあります。この場合、自治体によって異なりますが、おおよそ五百円から数千円程度の費用で済むでしょう。ただし、この方法では供養をせずに処分することになるため、心情的に抵抗がある人も多いかもしれません。経済的な理由でこの方法を選択する場合でも、事前に簡単な供養を行うなどの配慮をすることをおすすめします。粗大ゴミとして処分する場合は、自治体のルールに従って適切に分別し、決められた日時に出すことが重要です。

他には、仏壇を処分してくれる専門業者も増えてきています。閉眼供養から仏壇の引き取り・処分まで行ってくれます。費用はおおよそ5万円から9万円となりますが、仏壇の大きさによって処分代が変わるので、事前見積もりを取りましょう。またはリサイクル業者で売却する人も出てきています。こうした業者が地域にあるかどうか、ネット検索で調べることができます。

仏壇じまいは、各家庭の事情や信仰、予算に応じて最適な方法を選択し、心を込めて行いましょう。

菩提寺に相談、閉眼供養を行う

菩提寺からお坊さんを招いて、閉眼供養を行う。お布施は、寺院や地域によって違いがあるので、事前に相場を調べておく。

1万～数十万円

僧侶派遣サービス

菩提寺を使わない場合は、僧侶派遣サービスを行っている業者や寺院に相談するのもあり。

数万円～

仏具店に処分を依頼

僧侶を手配して閉眼供養を行い、その後、仏壇を引き取って処分する。中にはお焚き上げまでしてくれるところも。供養や仏壇の大きさなどで費用が異なる。

2万～8万円

自治体で粗大ゴミとして処分

費用や規定は自治体によって異なる。

500 ～数千円

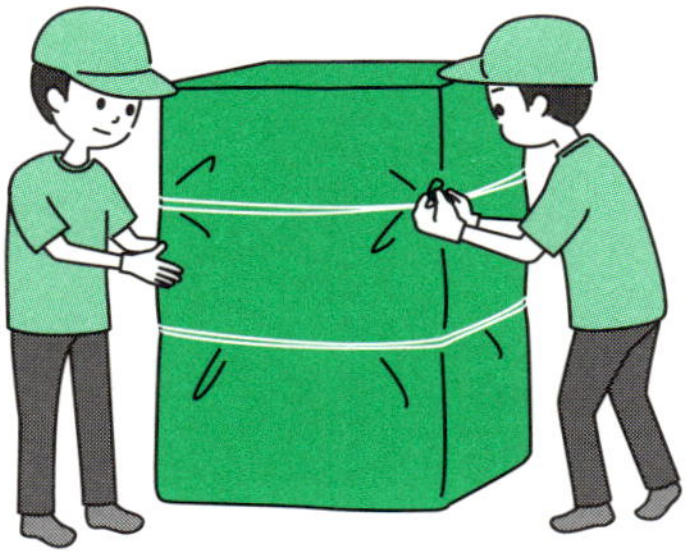

仏壇処分業者に依頼

閉眼供養から仏壇の引き取り・処分まで行う。事前見積もりで詳細を確認。

5万～9万円

リサイクル業者で売却

複数業者の査定で高値売却の可能性あり。

位牌の処分

仏壇は承継できなくても、位牌だけ手元に置いて供養することもできます。

位牌を処分する際も閉眼供養が必要になる

位牌は、故人の霊魂が帰ってきたときに宿る依《より》代《しろ》といわれています。仏壇を承継できないために仏壇をしまうことは、必ずしも先祖や故人の供養をしないことではありません。仏壇を処分する前に、その位牌を取り出し、別の仏壇に移すか、小さな棚やタンスの上に置いて祀《まつ》るといったことが行われています。

一方、位牌自体を処分したいときもあります。仏壇じまい、三十三回忌などの弔《とむら》い上げ、四十九日後に白木《しらき》位牌《いはい》から本位牌《ほんいはい》に変わるとき、新しく位牌を作りかえるとき、夫婦連名にかえるときなどです。

位牌を処分するには、仏壇と同様に僧侶にお願いして閉眼供養をしてもらいます。仏具店や仏壇処分業者を使う際も、同様です。閉眼供養の後に、処分方法を僧侶に相談するのが一般的な流れです。寺院でお焚き上げを行っていれば、そこで仏壇と一緒に位牌を処分します。仏壇とは別費用が発生する場合もあるので事前に確認しましょう。

寺院によっては位牌堂に位牌を納め、永代供養してもらうこともできます。

位牌をどうするか？

菩提寺の寺院に、仏壇と一緒に位牌の処分方法も確認する。お焚き上げで供養する寺院もある。

仏具店や仏壇処分業者を使って、仏壇と一緒に処分する。

寺院にある位牌堂に位牌を納め、永代供養してもらう方法もある。

仏壇を処分しても、位牌だけを残して祀ることもできる。

仏壇じまい後の供養

仏壇じまい後も故人への思いを大切にしつつ、自分らしい供養で故人を身近に感じましょう。

身近な場所で故人を感じる手元供養

仏壇じまいを行った後も、故人への思いを大切にしながら供養を続けていきたいものです。現代では、第2章（68ページ）でも紹介しましたが、墓じまいで取り出した遺骨を手元に置く手元供養というスタイルが注目されています。

手元供養にはさまざまな方法があります。故人の写真や遺骨を入れたペンダントを身につけることで、いつでも故人を感じることができるでしょう。また、遺骨の一部をミニ骨壺に納め、自宅の好きな場所に置けば、好きなときに供養ができます。

ミニ仏壇は、現代の部屋の雰囲気やリビングインテリアにも合うよう、デザイン性の高いものが多数登場しています。木や金属、漆《うるし》などさまざまな素材を使用したミニ仏壇は、数多くの選択肢の中から自由にカスタムすることができるのです。

これらは、故人との思い出を大切にしながら、自分なりの方法で供養を続けていくための方法の一つです。

カロートペンダントやミニ仏壇などを活用しながら、故人を身近に感じられる工夫をすることで、供養の時間がより豊かなものになるでしょう。

手元供養の種類

カロートペンダント

ペンダントの中に細かく砕いた遺骨や遺灰を納めることができるジュエリー。亡くなった人の思いを感じながら、身につけることができる。メモリアルペンダント、遺骨ペンダント、納骨ペンダントともいわれる。

ミニ骨壺

リビングや寝室、玄関など、自宅の好きな場所に置いて、インテリアとしても飾ることができるミニ骨壺。手のひらにのるぐらいの小ささで、さまざまな素材のものがある。

ミニ仏壇

故人の写真が飾れるフォトスタンドやミニ骨壺、花立、灯立などがセットになって、お好みのレイアウトで組み合わせられる。デザイン性の高いミニ仏壇が多数登場している。

仏壇じまいのトラブルケース①

仏壇が大きすぎて運び出せない

仏壇のサイズを正確に業者に伝えなかった

仏壇が大きすぎて運び出せないトラブルに直面することがあります。この問題は、仏壇処分業者にサイズを正確に伝えていなかったために起こることが多いのです。

仏壇のサイズを正確に測定し、処分業者に伝えておくことが大切です。高さ、幅、奥行きをきちんと測り、階段や廊下、ドアなどの通路のサイズも確認しておきましょう。特に古い家屋の場合、仏壇を設置した後にリフォームを行っていることがあるため、搬出経路に注意が必要です。

万が一、当日になって仏壇が想定より大きく、スムーズに運び出せないことが判明した場合は、仏壇処分業者と相談し、部分的に解体することで搬出できないか検討しましょう。それでも難しい場合は、専門の大型家具移動業者に依頼することを検討してください。

仏壇が大きすぎて運び出せないトラブルを防ぐためにも事前の準備が大切です。

仏壇じまいのトラブルケース②

仏具の点数間違いで追加料金！

仏具の点数を正確に知り事前に寺院や業者に伝える

お焚き上げなどで処分する仏具の点数が事前に伝えていた数よりも多くなり、追加料金を請求されることがあります。このようなトラブルを避けるためには、仏具の点数を正確に把握することが大切です。仏壇内部をよく確認し、仏具をリストアップしましょう。位牌、写真、数珠、経典《きょうてん》など、細かなものも含めて漏れなく数えておくこと。次に、寺院や仏壇処分業者に連絡する際、リストアップした仏具の点数を正確に伝えます。追加料金が発生する可能性についても確認しておきましょう。寺院や業者によっては、点数が増えても追加料金がかからない場合もありますが、念のため事前に確認しておくことが大切です。

当日、業者が到着した際に、事前に伝えた点数よりも多くなっていた場合は、追加料金について業者と相談しましょう。

仏壇じまいのトラブルケース③

マンションの廊下に傷をつけてしまった

処分業者の口コミや評判なども参考に

マンションで仏壇じまいを行う際、廊下に傷をつけてしまうトラブルがあります。

仏壇処分業者の中には、部屋から運び出した仏具をマンションの廊下で引きずり、床や壁などに傷をつけてしまう業者が存在します。このような雑な作業は、マンションの美観を損ねるだけでなく、修繕費用の発生にもつながりかねません。

仏壇じまいを依頼する際は、業者選びに注意が必要です。信頼できる業者を選ぶためには、口コミや評判を確認することが大切。また、事前に業者と打ち合わせを行い、作業内容や注意点について確認しておくことも重要です。

万が一、業者の不注意で建物に傷がついてしまった場合は、速やかに業者に連絡し、損害の報告と補償を求めましょう。誠実な業者であれば、適切な対応を取ってくれるはずです。それでも解決しない場合は、共有区分を管理しているマンション管理会社や消費者センターに相談することも検討してください。

仏壇じまいのトラブルケース④

仏壇の処分に関して家族で紛糾

一番の問題はコミュニケーション不足

仏壇の処分方法をめぐって家族間で意見が分かれてしまうことがあります。このようなトラブルは、家族間のコミュニケーション不足や価値観の違いから生じることが多いのです。

仏壇は大切なものであり、家族によって処分に対する考え方が異なることがあります。ある家族の1人は仏壇を処分することに抵抗を感じ、別の家族の1人は処分を強く主張するなど、意見の食い違いが生じることがあるのです。

このような状況に直面した場合、お互いの意見や感情を尊重しながら、仏壇処分の必要性や方法について冷静に議論しましょう。

話し合いを通じても意見がまとまらない場合は、第三者の意見を求めることも一つの方法です。僧侶や仏壇処分業者など、専門家のアドバイスを参考にすることで、新たな視点を得ることができるかもしれません。

著者　小西正道（こにし・まさみち）

株式会社「縁」（えにし）の代表取締役。1978 年生まれ。運送会社で 5 年務めた後、石材店を営む親族に誘われ墓石ビジネスの道へ。お客様に満足していただける墓地物件の少なさ、先行きの不透明さに疑問を感じ、2010 年に海洋散骨事業や墓じまいの仕事へ。散骨事業では自ら船長を務め、墓じまいでは、多くの離檀交渉に携わる。著作に『墓じまい！　親族ともめない、お寺に搾取されない、穏やかで新しい供養のカタチ』（ブックマン社）がある。

STAFF

編　　集　ナイスク https://naisg.com/
　　　　　松尾里央　岸 正章　崎山大希　鈴木陽介
編集協力　矢澤由季　地蔵重樹
デザイン　沖増岳二
イラスト　渋沢恵美（シブサワデザイン）
協　　力　株式会社「縁」

もう困らない! 墓じまい・仏壇じまい

監　修　小西正道《こにしまさみち》
発行者　深見公子
発行所　成美堂出版
　〒162-8445　東京都新宿区新小川町 1-7
　電話(03)5206-8151 FAX(03)5206-8159
印　刷　大盛印刷株式会社

ISBN978-4-415-33453-0
落丁・乱丁などの不良本はお取り替えします
定価はカバーに表示してあります